我的
经济理论
哲学思想和
政治立场

（第三版）

马寅初◎著

中国财经出版传媒集团
中国财政经济出版社

图书在版编目（CIP）数据

我的经济理论哲学思想和政治立场 / 马寅初著．—3 版．—北京：中国财政经济出版社，2016. 11

ISBN 978 - 7 - 5095 - 6875 - 0

Ⅰ. ①我…　Ⅱ. ①马…　Ⅲ. ①社会主义经济 - 中国 - 文集　Ⅳ. ①F120. 2 - 53

中国版本图书馆 CIP 数据核字（2016）第 168798 号

责任编辑：张怡然　　　　责任校对：杨瑞琦
责任印制：刘春年　　　　版式设计：兰　波

中国财政经济出版社出版

URL：http：//www. cfeph. cn

E - mail：cfeph @ cfeph. cn

社址：北京市海淀区阜成路甲 28 号　邮政编码：100142

营销中心电话：88190406

北京时捷印刷有限公司印刷　各地新华书店经销

880 × 1230 毫米　32 开　7. 375 印张　135 000 字

2016 年 11 月第 1 版　2016 年 11 月北京第 1 次印刷

定价：32. 00 元

ISBN 978 - 7 - 5095 - 6875 - 0/F · 5525

（图书出现印装问题，本社负责调换）

本社质量投诉电话：010 - 88190711

打击盗版举报热线：010 - 88190492、QQ：634579818

第三版说明

作为当代经济学家，马寅初先生的经济理论对我国经济、教育、人口等方面的发展有着深远的影响。《我的经济理论哲学思想和政治立场》，是其在新中国成立后撰写的主要著作之一，于1958年2月出版，1980年5月再版。

在书中，马寅初先生从中国第一个五年计划时期社会主义建设的实际出发，论述了国民经济综合平衡、有计划按比例发展和人口问题等。

本书出版后，便引发热议，其中收录的《新人口论》更是在过去的50多年中一直饱受争论。马寅初先生的命运也因此历经起伏。

时光荏苒，岁月如梭。待一切争议被历史尘封以后，我们特再版这部著作，回顾马寅初先生的经济理论与哲学思想。相信本书的再版将有助于广大读者重识马寅初，了解他对我国经济、人口政策的影响，从而进一步厘清我国经济理论的发展脉络。

此次再版，对个别文字疏漏以及数字格式进行了修改，原著内容及结构均未作改动。

2016年7月

目　　录

此书各篇论文内在联系的说明

我到北京大学之后，学了俄文，读了几本俄文著作，如《联共（布）党史简明教程》、《政治经济学》、《辩证唯物论》、列宁的《唯物论与经验批判论》、斯大林的《苏联社会主义经济问题》等，又读了毛主席的《矛盾论》与《实践论》（中文本）。读了这几本中俄文著作之后，我脑海中出现了两个疑问：第一，斯大林书中和政治经济学中所说的经济发展规律（如综合平衡和按比例发展规律）是否在中国已经实现？要研究这个问题，不能专靠俄文的经典著作，必须把国内各方面的社会经济活动，切切实实地研究一番，分析一番，而后方可回答这个问题。第二，唯物辩证法和毛主席的矛盾论告诉我们宇宙内的事事物物都有内在的联系，都不是孤立的。譬如有甲乙丙丁戊己庚辛壬癸十个环节于此，各个之间都有内在联系，故甲与乙、乙与丙、丙与丁、丁与戊、戊与己、己与庚、庚与辛、辛与壬、壬与癸皆有联系，最后癸与甲（第十与第一）也必有联系，结果形成了一个圆圈。

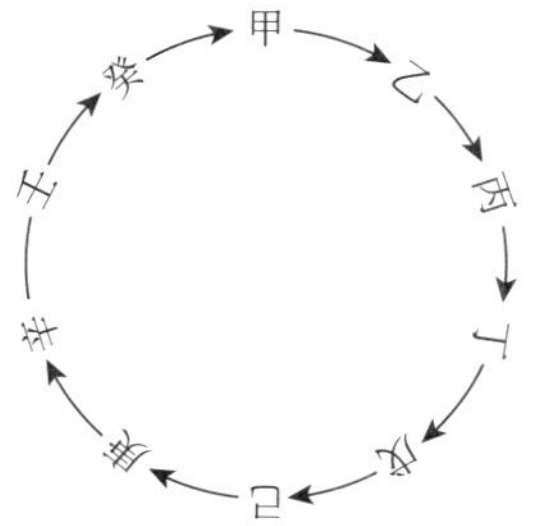

这就是团团转的联系。我心中自问，中国的社会主义建设中的各个环节能不能这样联系起来，形成一个圆圈？若把以上两个疑问并成一个问题，就等于按团团转的比例发展规律，把所有主要环节联系起来，综合平衡起来，能不能成功？不妨试一试，再看其结果如何。这就是中国计划经济的本质，所以还要联系中国的实际情形，否则不切实际，成了空谈。1955 年初，我的脑海中充满着这种想法，但这种想法对与不对，非以实际情形来证明不可。我就下一个决心来试写一篇或两篇平衡论，命题为“联系中国实际来谈谈综合平衡理论和按比例发展规律”，成功与否虽无把握，然信其有成功之可能，苟不然者中国的计划经济就不成其为计划经济也。但正在写作中遇到了三个障碍：工商业于 1955 年尚未全行全业实行公私合营；许许多多私营工厂尚停留在加工订货阶段；公方尚站在私营企业之外；企业与个人的改造虽难贯彻但一定要贯彻；资产所有权仍在私人手中；私营工厂对交货期限、货品的数量和质量，往往不照合同执行，对于计划经济造成很大的困难。此其一。农业合作社于 1955 年初，可说全是初级社，不仅基础不巩固，而且发展中的变动亦很大，应不断地加以观察和研究，如果农业合作化中的统购统销一部分办得不好，计划经济就要受到挫折。此其二。计划经济的目的在把农业国变为工业国，提高劳动生产率，借以提高人民物质和文化生活水平。但中国人口如此之多，而生殖率又如此之快，要加速工业化，不甚容易，如何是好？此其三。因此要写平衡论一定非把这三个问题搞好不可，非把四个有联系的问题：平衡论、资本主义工业的社会主义改造、农业合作化、人口论，同时抓起来不可。《我国资本主义工业的社会主义改造》一文开始于 1955 年 1 月，完成于 1955 年 4 月底，当时我预见到党和政府本一贯的政策对民族资产阶级，迟早一定采取和平改造的方式，而且一定采取逐行逐业改造的方式，把工业的资本主义私有制改为公有制。事情演变至 1956 年春，我所主张的全行全业合营，果然完全做到，我的预见变为现实。但这篇1955年的文章因我的朋友说我有庇护资方之嫌，竟搁置两年多，始于1957年8月终发表。

《农业合作化》一书，于1956年带助手一同到杭州住了几个月写了八章初稿，还有八章至十二章因农村经济情况变动很快；在变动的情况下，很难写出一本有固定性的、长期适用的专书。但我深信在党和人民政府的培育之下，代表着新的生产力的农业合作社，只要有正确的领导，一定能够不断地成长发展，故拟待至明春（1958年春）下乡继续写下去，期于1959年初出版。同时1956年在杭州写作时，抽出了一些时间，把平衡论的初稿加以修改补充，写成第一篇，于1956年12月28日、29日两天的《人民日报》发表。回京以后即着手赶写第二篇，于1957年5月11日、12日两天的《人民日报》发表。

1955年《我国资本主义工业的社会主义改造》一文完成后，即着手准备人口问题的发言稿，打算在1955年的人民代表大会上提出。但在浙江小组会上讨论时，好多代表不同意我的看法，且竟有人认为我所说的是马尔萨斯的一套。虽然他们的意见我不能接受，但都是出于善意（那时会上空气不适于提出这样的问题），故我自动地把发言稿收回。今年（1957年）时机成熟，遂把发言稿在人代大会上提了出来。全文登载于1957年7月5日的《人民日报》。发表后，接到各地人民来信40余封，几无一不赞成我的主张。我的人口论与马尔萨斯学派完全不同，他们主张以瘟疫、疾病、战争等残酷的手段把人口削减，而中国的马尔萨斯者竟主张把中国人口削减至两亿左右，我则不但不主张削减而且要提高劳动人民的劳动生产率，借以提高他们的物质和文化生活水平。我只主张把还没有生出来的人口，用避孕的方法控制起来而已。

以上是关于经济理论方面的，比这方面更重要的是哲学思想方面。宋明程朱一派哲学家所讲的“理”似乎是指自然规律而言，虽然他们的“理”也含有道德原则的意义。程朱派认为“理”可以离事物而独立存在，故说“理在事先”或“理在事外”，这是唯心的说法。我在这里所说的“理”，如综合平衡的“理”、按比例发展的“理”也是指自然规律而言，但是这个“理”不能离开事物而独立存在。“理”即在事物之中，离开了事物无所谓“理”，故说“理”在事中，这是唯物的说法，而且这个“理”是团团转的，因为宇宙中所有事物都有内在的联系，都不是孤立的。在第一篇平衡论结尾中，我把团团转的意思说得很明白，在第二篇平衡论的结论中，我把“理在事中”的意思表达出来了。

但这两篇平衡论中团团转的“理”无非在平面上转动而已，就如孔子所说的“四时行焉，万物生焉”，年年如此，看不出有发展的意思。但是我们的经济是发展的，从低级发展到高级的，自下而上的。年年增产，国民收入增加；积累愈多，生产再生产的范围愈广，国家愈富，团团转的平衡和按比例的发展，就从低水平达到高水平，则渗透在社会经济活动中的“理”亦必由低级上升到高级。由此推论，这个团团转动的“理”不是单在平面上转动而已，乃是时时刻刻向上再向上地转动。它的转动必是螺旋式的，不是平面式的。反过来说，因为“理”的转动是螺旋式的，所以社会的发展也是螺旋式的。螺旋式者就是后一转动是前一转动的继续，不过比较高一级而已。

为了更详尽地讨论这个问题，特写了《我的经济理论哲学思想和政治立场》一文，作为此书的主文，在文内，我把我国第二个五年计划的轮廓说了一说，并从发展的观点重谈平衡理论和哲学思想，这就是把螺旋式——团团转的意思说得更详尽更切近实际一些。同时把英国经济学者凯恩斯氏的一般理论也批评了一番，因为他的一般理论很明显地是从“营救资本主义”的角度写出来的。我们认为把两种不同的甚至相反的理论这样排列起来，容易使读者看得出，我们的经济制度正在蓬勃生长，资本主义国家的，正在垂死挣扎，一是代表发展和生长，一是代表衰退和没落。这样，我国制度的优越性表现得很突出。

螺旋式转动的意思在这里不妨再说一说。上列的图中有十个环节，我们决不能说这十个环节同时达到了平衡。有的是前进一步，有的是落后一步，是不平衡的（比如，1957 年我国原材料工业的发展赶不上加工制造工业发展的需要，农业生产的发展赶不上轻、重工业发展的需要，等等），假定十个环节之中有两个由于种种原因落后了、停滞了，八个是前进的，正在走着上坡路，欣欣向荣地向前发展。无论何种事物在发展过程中，总不免产生比较先进和比较落后的两大类，这是极普通的现象，也是正常的现象。我们可以设想，千千万万的人不会是整齐划一的，总是有先进的，有中间的，有落后的。落后的人不觉得自己走慢了，反而要批评别人走快了。1956 年 7 月到 1957 年 5 月，在农村中“好、多、快、省”不大讲了，“四十条”不大灵了，为什么呢？就是有些人拼命喊：“你们快了”，而跑在前面的人，有的也有些腿软了。劲头不足，这是一种右倾思想。因此各级党委都在批判右倾思想，劲头又起来了。加上农村的社会主义大辩论，机关的整风运动和反右派斗争，出现了政治高潮和生产高潮，所以劲头来得大，脚步更踏实，力量更加雄厚。如果我们把这股劲坚持下去，在第二个五年计划期间连续奋斗五年，中国就要出现更大的奇迹，因为落后的都跟上来了。领导得当，就可以得到这样的结果。

既然客观事物的发展是不平衡的，那么，我们的责任就是要按照平衡规律和按比例发展规律推动和帮助落后的赶上先进的。当然在这个过程中，又会出现新的比较先进的和新的比较落后的，接着又推动和帮助落后的前进，这样社会就可以不断向前发展。因此社会总是无时无刻不在动态中，我们不能以静态的眼光来看动态的事物。先进与落后总是会有的，不过在各个阶段中它们的含义是不同的，今日的落后环节不会永远是落后。问题是要看领导机关（计划委员会和经济委员会）用什么方法来推动它们。平衡规律和有计划（按比例）发展规律是客观存在的，问题是要看我们的这两个领导机构如何去应用它。他们制订的计划如能完全反映这两个规律，就是正确的。但是因为我们的经验还不足，统计资料还不够完备，所以制订出来的计划难免有时冒进些、有时保守些，不能完全反映这两个规律的要求。斯大林说得好："国民经济有计划（按比例）发展的规律，使我们的计划机关有可能去正确地计划社会生产。但是，不能把可能同现实混为一谈。这是两种不同的东西。要把这种可能变为现实，就必须研究这个经济规律，必须掌握它，必须学会以完备的知识去应用它，必须制订出能完全反映这个规律的要求的计划。不能说我们的各个年度计划和五年计划都完全反映出这个经济规律的要求"。[①] 所以要推动社会不断向前发展，就是帮助社会螺旋式地团团转，是领导机构重要责任之一。

程朱学派似乎把道德原则亦包括在"理"之中，我们的

---

① 斯大林：《苏联社会主义经济问题》，人民出版社 1953 年版，第 6 至 7 页。

"理"当然也包括了道德，就是共产主义的道德，虽然共产主义的道德的含义与程朱派不同。因此，我们的经济活动或经济转动是螺旋式地上升的转动，我们的道德也一定是螺旋式地上升的道德。这可以从我的任何一个附属问题中看出来。譬如从《我国资本主义工业的社会主义改造》一文中，我们知道资本主义工业合营以后有先进的一面，有落后的一面。先进的一面是公私合营以后生产一般提高了30%以上，产品质量有很大改进，职工情绪高涨，劳资纠纷减少，私方人员的积极性得到发挥，企业的经营管理方面也有所改进，绝大多数工厂在合营后改进了劳动条件和职工福利，有条件的工厂实行了劳动保险，有些工厂实行了劳保合同。此外，还提拔了工人干部，安排了私方人员，广大职工经过社会主义教育后，思想觉悟都有不同程度的提高。

以上是公私合营企业光明的一面。其黑暗的一面或落后的一面是：比如，在许多上海合营行业中都有些中小型合营企业的私方人员私自开设"自发工厂"。他们虽然参加了公私合营，但并没有很好的改造自己，至今仍留恋资本主义的道路，甚至不惜损害合营企业以满足私利。这些私设"自发工厂"的私方人员往往用隐蔽的方式用自己的亲属朋友出面经营。他们的产品质量低劣，售价也高，利润最高达十多倍。他们甚至采取贪污、盗窃等违法手段来获得资金、设备和原料，不惜搞垮公私合营企业。例如，旋转电机、石油机械、针织等行业发现部分私方人员私设"自发工厂"的机器设备，是他们在企业裁并改组的时候，故意隐匿下来的。私设"自发工厂"大都以高额工资拉拢部分在业工人，利用晚上来生产自己的产品，有的甚至要工人通宵干活。因此，有些合营厂出现了工人迟到、早退、旷工等劳动纪律松弛和劳动生产率、成品率下降的现象。有的合营厂私方人员甚至把私人接受的订货混在合营企业的订货中，交给工人生产，非法剥削工人劳动。这些“自发工厂”现在已由上海市人民委员会勒令停业，司法机关也依法逮捕了一些犯有严重违法行为的私方人员。以上是公私合营企业黑暗的一面、落后的一面，主要原因是政治思想教育做得还不够，好在这些企业是中小型企业，而且为数亦不很多，主管部门必须采取措施，处理这批“自发工厂”，并且赶快推动和帮助落后的赶上先进的。

这个从公私合营企业中抽出来的例子，足以证明一个道理，就是思想进步、立场稳定、一心一意投身于社会主义建设事业为人民服务的人，其经济活动是比较高一级的，其道德观念也是比较高一级的。反之有些人思想落后、立场摇摆，对社会主义建设事业是三心二意的，对资本主义还留恋不忘，专心为自己的利益打算，甚至不惜盗窃资财拒绝改造。这些人的行为卑鄙，其道德观念一定是很薄弱的。由此可知行为与道德是一物的两面，二者是相互依存的。从此可以断定道德也在“事之中”，决不是如程朱派所说的在事物之先，或在事物之外。我们相信离开了事物看不见道德。这个道德，如事物一样，亦必须螺旋式地向上发展。如不吾信，再看苏联。苏联自十月社会主义革命以来的40年间，已胜利地完成了五个五年计划，现在正在顺利地执行第六个五年计划。这些计划的执行，已经使苏联能向着共产主义迈进。在40年中它的生产发展的速度是惊人的。如按人口平均计算，1956年苏联的国民收入已比1913年增长了12陪，其中用于消费的占四分之三，积累占四分之一（中国消费占五分之四，积累只占五分之一）。而在资本主义国家里，国民收入的一半以上是被少数剥削阶级攫为己有的。在这里已可以看出两种社会制度下道德观念之不同。由于广大群众生活水平的提高和实行了完善的医疗保健制度，苏联居民的平均寿命已经比革命前整整延长一倍。

从维持世界和平和提高人民福利的角度看，苏联建成世界上第一个原子能发电站，世界上最大的同步稳相加速器，第一架喷气式客机，第一枚洲际弹道火箭和第一个、第二个人造地球卫星。这一切都是为企图消灭残酷的战争、维持世界和平、增进人类福利、打开人类知识的新领域，开辟科学发展的新纪元而努力的结果。人类征服大自然的无可限量的智慧，已由苏联人民作出了一个又一个光辉的榜样。这说明了社会主义的苏联是世界上最关心于把科学技术成就应用在人民物质生活的改善。这一切都是崇高道德的表现，所以道德是与社会主义建设分不开的，如影之随形，一丝不差的，离开了实际，道德是不存在的，而道德的向上发展，与经济活动是一致的。

作　者

1957 年 11 月

我的经济理论哲学思想和政治立场

目前我国国民经济发展中新出现的主要矛盾，是消费资料生产的发展赶不上生产资料生产发展的需要，特别是农业生产的发展赶不上整个国民经济发展的需要。同时在生产资料的发展方面，原材料工业的发展又赶不上加工制造工业发展的需要。这样，在我国国民收入的积累同消费之间，也就出现了新的矛盾，人民消费水平的提高较慢，所增加的国民收入大部分只能用于积累。此后应该贯彻执行在优先发展重工业的基础上发展工业必须和发展农业并举的方针，加速农业的发展，积极地发展原材料工业。要发展农业必须增加投资，拟把国家的投资（包括发展农业的基本建设投资、农业放款、农业事业费开支）和农业生产合作社本身的投资结合起来考虑，实行统一规划，适当安排，才能更好地发挥投资的效果。农业生产合作社本身的投资，在发展生产和社员生活逐步改善的基础上，在不断地增加。如何使这笔资金用得妥当，也是需要很好地研究的问题。而投资的对象是：开荒、兴修水利、排涝、化学肥料。我认为大规模的开荒问题一时谈不到，现在应该首先把重点放在土壤肥沃、收获量高以及交通方便、接近工业基地的农业地区。这样不仅投资的经济效果很大，垦荒工作也容易进行，而且便于把工业的发展和农业的发展结合起来。至于水利与排涝可并为一项，化学肥料虽可以独成一项，但可以与水利并为一谈，因为要发展农业生产，必须至少有两个条件：一是水，二是肥。必须有水施肥才有用。河南省孟县缑村农业社实行“五水三肥”，亩产小麦1 125斤。只要给它喝五次水，上三次肥料，它就给你产1 125斤小麦。全国小麦平均亩产100多斤，与此相比差十倍。如果水利问题解决了，小麦就能增产十倍，农业增产的潜力是很大的。反之，如果没有水利设备，遇到旱灾或者水灾，再多肥料也不能希望增产。北方农民缺乏积肥习惯，与水利条件太差对产量不易提高是有关系的。我国工程技术落后，对于水旱灾害尚无控制把握；同时因工业落后，国家尚不能供应大量化学肥料，凡此皆农业生产比较落后之主要原因。因此我把水利与化学肥料并为一谈。

一、要加速农业发展必须认识水利与肥料的重要性

要加速农业发展，只有增加农业单位面积产量，这就要加速发展化学肥料厂和兴修水利。现在先来谈谈兴修水利与排涝。为了解除长江洪涝灾害，有人建议要早日建设四川三峡这样巨大的工程，以此来防御长江的千年一遇的非常洪水。这个工程完工后；不仅可以控制长江洪水的主要来源，还可以建成世界上最大的超巨型水电站，并使万吨海轮直通重庆。但所需的物力财力非常巨大（建设水库发电站以及四周围的企业工厂至少需花六七百亿到一千亿以上的资金），非我国近期财政力量所能负担；不仅投资数目太大，而所需的时间亦太长；据估计至少要经过五年设计十年施工才能把三峡工程建设完成。在此十五年的过程中，自然不能专靠三峡水库来解决长江的洪涝问题。长江的洪涝灾害是很频繁的，平均五六年内就可能发生一次比较大的洪水。为解除

这些洪涝灾害，若专靠像三峡这样的大水库是很不现实的。我们目前只能按照长江水利委员会在1954年提出的方案，来利用沿江堤防与湖泊洼地。虽然这是过渡时期的临时措施，但这个过渡时期要延长到至少二十年。在二十年内，堤防和湖泊洼地的利用，是最重要的防洪排涝措施。我们决不应专期待着遥远的三峡水库而忽视了现有的堤防和湖泊。在过去的几千年中，我国的劳动人民与洪水作斗争时，就利用堤防湖泊为防洪排涝的工具。只要花费为数不多的投资加以整理和巩固，就可以发挥很大的作用。

第一个五年计划期间，全国灌溉面积和水浇地的面积由1952年的3.1亿亩增加到1957年的5.2亿亩，而在1955年冬季和1956年春季兴修水利高潮中，就扩大灌溉面积1亿亩，这不但是我国历史上空前伟大的成绩，也是世界水利史上的奇迹。同时，由于积极提高工程质量，加强灌溉管理，开展排水除涝工作，使原有3亿多亩灌溉水田的抗旱能力和部分低洼耕地的防涝能力在不同程度上都提高了。这对于提高农业生产，改变农村经济面貌，起了显著作用。但是，我国现有的灌溉面积还不到耕地的三分之一，根据水源和地形条件，水利发展的潜力还很大。迄至1957年10月，全国还有1亿亩左右易受水涝灾害的耕地亟待治理，还有150多万平方公里的水土流失面积，特别是黄河中上游水土流失严重地区，亟须大力开展水土保持工作。因此，兴修农田水利，发展灌溉，防治水旱灾害，仍然是今后发展农业生产的一项首要任务。依照1958年经济建设计划的编制，在水利工作方面，决定以排涝与灌溉为主，这是很对的。1958年我国将增加灌溉面积4 000多万亩，还要在4万多平方公里的土地上开展水土保持工作，在4 000多万亩低洼地区的土地上兴修防水排涝工程。这样把防洪、排涝、灌溉及水土保持等工作结合起来，而不孤立进行，也是完全正确的。

第二个五年计划时期的水利工作，应该着重中、小型水利建设，如打井、修渠、修塘、排涝等等，这对于扩大灌溉面积，减少水害，促进农业增产有很大的作用。至于大型水利工程的兴建，因为牵涉问题很广，要十分慎重，以便统一规划，做到综合利用。什么叫综合利用？就是要全面地考察和分析一切有关的问题。既要看到支流，也要看到干流；既要看到防洪、排涝和灌溉，也要看到发电、航运以及城市和工业用水；既要看到水库，也要看到堤防和洼地蓄洪；既要看到水电站，也要看到火电站；既要看到自流渠灌溉，也要看到扬水灌溉和掘井筑塘；既要看到河流开发的效益，也要看到国家投资和水库淹没的代价；既要看到近期的要求，也要看到远景的发展。这样才能做到既能满足各有关方面近期的要求，又能满足国民经济远景发展的要求；才能做到以最少的投资修建水工建筑物，消除水旱灾害和利用天然资源使国民经济获得最大的效益。

过去有些工程的兴建，单从某一方面着眼，没有考虑其他国民经济部门的要求。例如官厅、大伙房、佛子岭、梅山诸水库工程都是在开工以后，边施工边修改。已完成的淮河石漫滩、板桥、白沙、薄山等防洪水库，也都准备加高坝身，扩大库容，兼顾灌溉的要求。这些更改都是必要的。但是在施工中途更改设计，或在完工以后再行改建，都要或多或少地给国家造成损失。这些经验教训教育了水利、水电专家们，使他们重视了河流的综合利用。

又如修建以上所说的四川三峡水库要花费六七百亿到一千亿资金。这样大的惊人数字，是否我国现在的财力物力所能胜任固然是一个问题，且水库的造成将淹没宜昌以上沿长江 24 个城市，特别是重庆市大部分要被淹没，还要淹没农田 160 万亩。这样大的损失是否合理更是一个问题。在近几个五年计划期内，有没有必要来兴建这样大的电站也是一个问题。凡此皆是河流的综合利用所必须考虑的重要问题。

根据几年来的经验，兴修农田水利，应以群众性小型水利为主，以中型水利为辅，根据需要和可能，适当举办大型工程。中型和大型工程，数量虽少，但投资较大，技术性较高，涉及的方面较多，所以必须慎重进行勘测设计，充分研究综合利用的方法。群众性的小型水利，是普遍的、大量的，在全国现有灌溉面积中，小型水利占 80% 以上，绝大部分地区都有条件兴修。小型水利虽然也需要一定的技术，但是要求不高，而且花钱少、收效快，可以依靠群众力量举办，一般在当年或一两年内就能发挥作用。农田水利工程，不论大小，应该充分依靠群众力量，注意克服单纯依赖国家投资的思想。基建工程的土方部分及小型附属建筑物，也要根据可能条件，由受益群众自办，专依靠国家是不行的。根据经验，靠国家拿钱是不能完全办好水利的。怎么办呢？可能的办法就是国家少花钱，依靠群众，靠群众就必须搞小型农田水利，以小型农田水利为主。因为群众不能办大、中型的工程。搞水土保持要植树，过去有的地方由国家发给树苗，给以补助，但年年植树年年不成林，成活率只有 20% 到 30%；而有的地方国家并不给钱，由群众自己栽，最高成活率反达到 90%。这个事例就说明依靠群众为主，国家辅助，小型为主，中型为辅，必要和可能时兴修大型工程的方针是正确的。

二、其次谈谈肥料问题

肥料可以分为两类：第一类是取之于土壤者还之于土壤，所有一切农村肥料都属于这一类，是由动物、植物所生成的，如人粪尿、厩肥、堆肥、绿肥和油饼等，称为有机质肥料。其肥效比较持久，可以改良土壤，所以一般宜用作基肥。第二类是取之于空气或矿藏者施之于土壤，所有绝大部分的化学肥料和矿物质肥料，如硫酸铵、过磷酸钙、磷矿粉等都属于这一类，称为无机质肥料。大多数无机质肥料肥效很快，所以一般宜用作追肥。我们能够积聚农村肥料以还之于土壤，对农作物当然会发生显著的效果。但还之于土壤的肥料，绝不能达到取之于土壤的百分之百。所以土壤中的肥分，总是逐年减少的（就全面说）。譬如人畜的排泄物，都是把食品饲料中的养分取了一部分来供给人畜的需要后剩下来的，所以排泄物的肥分是比食品饲料原有的肥分少，即是还之于土壤者比取之于土壤者少。而且排泄物发酵期间，氮气要损失一部分；在保存中的肥料受到风日雨水的侵蚀，肥分又要损失一部分。土壤本身的肥分，又逐年随水土的流失而流失。城市每年涨水的初期，可以看到河流的水变成污黑色，随江河而流入大海，这也是未能还之于土壤的部分肥料。各大城市，往往有逐渐欧化的趋向，提倡抽水马桶，这也是肥料的很大损失。就上述各种例子看来，仅靠第一类肥料（农村肥料）来争取普遍的单位面积和复种面积大量地、继续不断地增加生产，是有困难的。但我们要动员全国人民来进行社会主义建设是刻不容缓的，所以争取农业大量增产也是刻不容缓的。我们只有建议政府，把工业部门的化学肥料工业，优先发展起来，同时创造优先发展的条件，把取之于空气与取之于矿藏的各种肥料来支援农村，使土壤的肥分大量增加，则农产品可以保证大量增加，工业亦可相应地得到更快的发展。这里我们应该注意的是化学肥料有它的优点，也有它的缺点。它的优点是：含的养分浓厚，容易在水里溶化，肥效快，劲头大，便于搬运，宜用作追肥。它的缺点是：大多偏含某一种养分，不含有机质，如果长期单独施用，容易使土壤板结，得不到效果，应该认识化学肥料，只能补充自然肥料施用的不足，决不能代替自然肥料。

国家如制造出大量的化学肥料来交换农民的余粮，不但农民乐于接受，并且农民还可以借此扩大再生产来支援工业。余粮是必须交换来供给城市的，如国家无大量肥料做交换品而以不适合农民需要的工业品来说服农民交换，不但会影响农民的情绪，而且会妨害农村的扩大再生产，也就妨害了工业、教育和其他一切。

农业与重工业、轻工业的关系非常密切。重工业的资金来自轻工业，而轻工业的原材料大部分取之于农业，三者的关系既如此重要，所以对化学肥料问题人人非常关心。现在农民纷纷改单季稻为双季稻，改旱地为水田，但比此更重要的是化学肥料的供应，可不可以多搞一些化学肥料厂，已搞的化学肥料厂可不可以提前完成。这个问题，经济委员会过去也讨论过，且经常提出，中共中央也有这样的意见，国务院对于这个问题也经常发出指示，所以我们可以说多搞一些化学肥料厂的意见各方面是一致的，且是完全正确的，在今天来搞也很及时，以农民的急迫需要来说，应该推进得快一些，但因为制造化学肥料受一定条件的限制，要推进得很快似有困难。我们开国以来，党和政府一向重视化学肥料问题，从以下事实可以证明：1949 年全国还没有生产合成氨的工厂，国民党遗留给我们的财产中没有这一项。此外，在1949年氮肥厂的年产量不过26 916吨，到1952年经济恢复时期，合成氨产量已达38 000吨，硫铵已达190 000吨；1957年合成氨产量已上升到147 000吨，硫铵638 000吨。这说明了我们的进展不能算慢，但因基础太小、底子太薄，不能更快一些，这是一个情况。

三、从化学肥料的重要性到化学肥料厂的设计

另一个情况是，除去地方上还有一些小的化学肥料厂没有统计在内外，在第一个五年计划期内，新建比较大的化学肥料厂有三个：一个是吉林的合成氨厂，一个是兰州的化学肥料厂，一个是四川的化学肥料厂。吉林厂1954年开始建设，1957年完成后，即可以全部投入生产；兰州的化学肥料厂，从1956年开始建设，争取1959年全部投入生产；四川金堂化学肥料厂，1957年已开始施工，准备1960年完成。这三个厂完成后，仅硫酸铵一项可以年产65万吨。在第二个五年计划期内，政府正在考虑究竟要搞多少，大致在300万至400万吨，这样一个数目大致很接近标准，但国家计划委员会还在考虑，能不能争取达到500万吨。这是在第二个五年计划期末想达到的数目，故1958年的经济建设计划，仍以农村肥料为主要肥料，同时积极发展化学肥料工业。现在已经采取了一切有效措施，保证了吉林肥料厂提前在1957年国庆节前后全部投入生产，它的产量将比过去增加四倍。它的产品——硝酸铵，质量很好，成本又低，它的主要原料，是取于用之不尽的水、空气以及劣质煤。现在要解释的是像这样的一个厂，政府和人民一样，总想多建一些，以适应农业发展的要求。

自毛主席提出重工业、轻工业、农业三者的关系之后，大家的研究精力集中于化学肥料厂问题，因为我国现在还是一个农业国，农业生产的丰歉、多少直接影响了轻工业，间接影响了重工业，而欲使农业增产，不外两途：一是开荒，一是提高单位面积产量。大量的开荒问题是复杂的，短时间尚不能收较大成效，而在现阶段比较可以迅速收效的，还是设法把单位面积产量提高，这就需要考虑化学肥料厂问题，不仅要资金，而且要钢材。像吉林这样一个年产若干万吨的厂子需投资 2.2 亿元到 2.6 亿元，需用钢材 38 000 吨，机械设备 2 万吨，不仅受钱的限制，还要受材料的限制。

四、从化学肥料厂的设计到奥妙的学得

在第一个五年计划期间我们总算跑得快的，但设计的任务基本上还是苏联专家承担的。在这个时期，我们自己的专家还单独设计不了这样大的厂子，因为从来没有设计过。到第二个五年计划，我们的技术人员和设计人员已学会了设计像吉林化学肥料厂同样规模的大厂，而且用不了那样多的建设资金，约略估计，可以节省三分之一，约七八千万元。当苏联专家帮助我们设计的时候，我们的人员懂得了他们设计的奥妙在什么地方，先懂而后学，到今天不仅化学肥料厂，其他的工厂也一样能设计。比如哈尔滨量具刃具厂，1956 年 2 月份大家有了一个决定，要把量具翻板，到四川再搞一个，后来就在四川盖了一个和哈尔滨厂一样的厂子，只要花 1.4 亿元就差不多了。这件事在报纸上也是表扬过的。这个厂的办公房每平方米造价只花七八块钱，已尽节约之能事；我们的人员懂得了苏联专家的奥妙以后，就能设计这样一

个成都量具刃具厂，确是值得骄傲的。1956 年年底这个厂的第一车间已经投入生产了。

五、从奥妙的学得到试制的成功

建氮肥厂、化学肥料厂，必须有特殊的设备，如高压设备，包括高压的合成氨筒子，叫高压合成筒，包括比较大的、在 2 000匹马力以上的压缩机。这些必须有高等技术方能制造，因为我们过去还没有这样的高等技术所以过去统统不能自制。有些是苏联帮助的，有些是捷克帮助的。他们帮助我们解决技术问题。但是从去年开始，我们的技术人员也学会了。我国南京的永利厂和大连的几个工厂的技术人员竟把 123 个大气压的高压合成筒试制成功了。技术人员中有一个从美国回来的学生，他在美国学习的时候，人家总不给他看，但是他很耐心又肯用心，终于带了一个本子回来，就按图索骥七凑八拼地搞成功了。现在责成第二机械工业部开始制造这个高压合成筒。

我们知道，旧中国的机械工业基本上是一个殖民地半殖民地的修配性质的工业，一般工厂只能做一些零件，或者只能做装配工作，不能制造完整的机器。设备陈旧而且残缺不全，生产任务杂乱，没有固定的专业，来什么就做什么，没有正规的产品图纸，没有一定的质量标准，单凭工人各自的手艺做出来的零件，如果不合适，就锉锉刮刮、敲敲打打，凑合起来装配上去。这样的生产质量当然很坏，效率很低，成本很高，而且做不出完整或成套的产品。因此，我们的问题是如何把这个不正规的修配性的机械工业改造成为正规的制造工业。开始制造的时候，我们没有设计产品的能力，所以必须从仿造入手。苏联和其他兄弟国家派来的专家给予我们不少技术援助，供给了新型设备、产品图纸和技术资料等，使我们有了技术上的根据。这些优越条件，使我们能够迅速仿造很多新机器。至此，我们只能仿造，还不能自行设计，所以第二步我们必须从仿造外国机器向自行设计的方向进展。

几年来，通过仿造兄弟国家的先进产品，机械工业的制造水平得到很大提高。但是在我国国民经济不断高涨的情况下，好多问题，光靠仿造是解决不了的。不少机器必须根据本国资源自然特点及使用的具体条件等进行设计。如设计农业机械，要适应我国地形、土壤、气候、经济能力和耕作等特点。比如农业机械动力的大小也要因地而异。南方水稻地区要求轻巧灵便的水田作业轮式的或手扶的拖拉机，马力要小；东北及西北的垦荒地多，就必须解决大马力的履带式的拖拉机；华北则主要是需要中等马力的。过去进口和仿造的拖拉机和农具，专用的多，万能的少。棉花播种机只能种棉花；摇臂收割机只能割麦子；谷物脱粒机只能打麦、豆；玉米脱粒机只能剥玉米。胶轮拖拉机无其他轮子（铁轮、半履带）更换，就不能在干旱地和潮湿地两用。拖拉机大部分底盘距地面的距离和轮距都是死的，就不便于中耕。进口拖拉机和仿造的拖拉机适应性很差。设备品种要很多，每一个作业，就要一种机器，不能通用，所以机械的利用率很低。这与我们农业积累少，人工便宜，机器贵的特点矛盾很大。山东农民批评拖拉机说："这个'铁牛'，不如我那头牛好，'铁牛'只能耕地，我那头牛叫它干什么活就能干什么活。"有些农业社使用了万能轮式拖拉机，不但能下地耕种、上路运输，而且可作打水、铡草等作业，每年使用到十个月以上，利用率很高。河南省的水利部门提出，要求设计一种煤气机（因石油缺少），能够用来打水、铡草、脱谷、加工，甚至配上底盘还能配一个双骅犁耕地或做运输工具用。这指出了我们自己设计的方向。需要的品种越来越多，不可能全靠仿造来解决。没有自行设计的本领，不可能在技术上赶上世界先进水平。在这方面，我们的工程技术人员，已经设计成功一些比较重大的产品，取得了初步的经验。我可以说，我国基本上已能靠自己的力量进行厂矿设计。第一个五年计划期间，依靠国外设计进行建设的局面目前已可改观。在第一个五年计划兴建的工程中，虽然大部分项目是我国自己设计的，但是作为我国工业骨干的“一五六”项和其他一些限额以上的工程就依靠苏联的援助和其他兄弟国家的援助。目前现代化的中型和某些大型的冶金、煤炭、石油、电力、机械、纺织、造纸、制糖等厂矿，我国基本上能够设计。铁道和公路交通已全部能够设计。如包括从采矿、选矿、炼铁、炼钢全部生产过程年产150万吨钢的大型联合企业，也可以设计出来。火电站设计，在1952年我国还不能作，现在每台12 000千瓦容量的透平发电机的电站设备，全部都可以自己供给。在1952年我国只能做3 000千瓦的小水电站设备，现在15 000千瓦以下的全都可以制造。石油设备，1952年什么也不会做，现在采油设备基本上可以制造，炼油设备明年也可以制造了。

又如长江大桥是我国人民智慧的结晶，也是中苏两国伟大友谊的结晶。有史以来，中国没有用自己的人力、物力、财力，建成过一座近代化的大型桥梁。拿钢梁来说，泺口黄河桥是德国孟阿恩公司造的，闸口、钱塘江桥是英国的道门朗公司造的，武汉长江大桥却是我国自己的工厂造的，而且在某些方面为资本主义国家所不及。例如，我们用管柱钻孔法修筑深水基础，就是资本主义国家所没有的。没有苏联专家提出的管柱钻孔法，大桥是不可能这样快、这样好、这样省地建设成功的，并且苏联的援助使我们学会了世界上前所未有的最新的建桥技术。再从培养技术力量来说，解放前几十年间，我们还没有一支起码的技术力量，在武汉大桥施工期间，却先后训练出大批的桥梁技术干部，到今天已足敷十个桥梁工地之用，奠定了今后桥梁技术上的人力基础。有了这样技术上的人力物力，我国今后的桥梁事业，就能充分发展。

六、从试制的成功到成本的大大减低

薄一波主任向全国人民代表大会常务委员会提出的 1957 年国民经济计划的报告（草案）和李先念部长提出的 1957 年国家预算草案的报告似乎有一个互相矛盾之点，就是薄主任的报告（草案）说，中央十二个工业部五年来生产成本降低了 27. 2% ，而李部长的报告（草案）讲到某些产品还提高了价格，二者不相适应。既然五年来成本降低了 27. 2% ，则物价不但不应该提高，而应该相应地降低 27. 2% ，才算正确。看起来经济委员会与财政部似乎在打架，因此，我们有把这个问题讲讲明白的必要。这十二个工业部是怎样分工呢？具体地讲，十二个部之中有九个部是搞重工业的，三个部是搞轻工业的。重工业是生产生产资料，轻工业是生产食品、布匹、纸烟、丝绸等等生活资料。这里就有加以分析的必要。生产生产资料的九个工业部，五年来生产成本降低了 32. 1% ，其中机械工业部门降低了 53. 6% 。它们为什么能降低这么多成本呢？它们的工作秘诀在什么地方呢？我们的回答是这几年在新产品的试制方面（如以上所讲的高压合成筒试制成功)，技术的提高方面，都是有显著成绩的，因此机械工业的成本可以降低53.6%。平均生产生产资料部门的成本降低了32.1%。反过来说，生产消费资料的部门，即纺织工业部、轻工业部和食品工业部，降低成本不如重工业部这样快。一般说来，这三个部五年来只降低了15.3%，就是说1956年的成本，比1952年只低了15.3%。但在这里面，如果把1953年棉花降价因素和纺织机械降价因素剔除的话，它本身没有什么降低，就是说纺织工业的成本并没有降低。以轻工业品作例子，大概现在二十支纱的售价按我们的成本来计算，1956年比1952年降低了4.8%，如果扣除1953年棉花降价因素和机械降价因素的话，它的成本是增加了。所以要解决中央十二个工业部五年来生产成本降低了27.2%，而轻工业消费品中某些还要涨价的矛盾，我们必须摸一摸底，必须要有像以上这样一个分析。又如食盐，也是轻工业里面比较重要的产品，1956年它的成本比1952年还大，因为制盐要靠天气，1956年多雨，工人机器都在那里等候，闲着无事，而盐没有晒出来，这样成本就提高了。又如糖和纸烟，这两三年来成本也没有什么降低，纸烟成本没有降低的主要原因是因为好多人不抽纸烟，抽烟的人太少了，制烟厂只开工20%到30%，机器停顿，人也窝工。

那么国家采取的政策是不是根据这些原因，把这些价格相应地调整过了呢？是的，调整过而且调整得很合理。生产资料的成本既然降低了32%，价格降落的幅度也很大。在1956年以前，降落的幅度不够大，各部门感觉不愉快，于是在1956年大家下了决心，作了一次大减价，减了15.6亿元，比如钢材，过去库存的钢材以25公厘的元钢计算，每吨价格，1953年是530元，1956年减至385元。就是减了27.4%，比诸以上所说的中央十二个工业部门降低的成本是大体上相等的。优质钢材也是以25

公厘的碳素结构钢来计算，每吨价格，1953 年是 895 元，1956 年减至 750 元，减了 25.1%。电动机每一台的价格，1953 年是 448 元，1956 年减至 245 元，减了 45.3%。又如车床，如平均计算，每台价格，1953 年是 12 300 元，1956 年减至 6 800 元，减了 44.7%。我们举了这么些材料，是一般的，当然个别的还有增加的。

从以上所述，我们可以得出一个结论，就是生产资料，减价多少，消费资料，减价多少，都是按照各种不同的幅度，不同的情况规定出来的。总起来说，生产资料因为成本降低得快，降低得多，所以它的价格特别在 1956 年，作了比较猛烈的调整。消费资料则不然，它的成本降低得不多，再加上这几年工资的增长，不能调整得很多，所以在这方面，就采取稳健政策，保持了物价。一般看来，消费品的价格，如纱布，食糖、纸烟等，是比较稳定的。我们在这里还要补充一句，就是价格问题是一个很复杂的问题，要彻底解决，必须把所有因素都考虑在内，如进口物资的因素，保护国内幼稚工业的因素，奢侈品的因素，交通运输的因素等都应该考虑到的，我们在这里就不谈了。

七、在生产成本的降低中遇到了若干限制

以上所谈的成本降低是由于自己设计和试制的成功，但在若干方面，我国经济的进展受到不少限制，其中最大的有三种：

1. 在目前的科学技术水平下，我们还没有足够的力量完全控制自然，根本消灭自然灾害，这就使我们无法充分保证农业计划产量的完全精确（譬如棉花），并充分保证纺织工厂所需原棉的供应，因而与人民生活发生重大关系的棉布供应不足的问题，

也就不是短期间内可以解决的。

如果我们能控制自然，每年有足够的棉花来供应纺织工厂，实在是一件一本万利的事业，不仅人民生活所需的棉布可以多多供应，国家亦可多积累些资金。大家知道棉纺织工业的发展，在我国当前经济建设中具有极为重要的意义。建设棉纺织厂的特点，是投资少而收效快。例如建设一座拥有10万纱锭、3 500台织布机的纺织厂，只需3 500万元的投资，一年零一个月的时间。从基本建设到收回全部投资，只需要两年零一个月。此后每年可以为国家积累3 500万元的资金。这就说明，发展棉纺织工业不但可以生产大量纺织品，来满足广大人民的需要，而且可以为国家迅速地积累资金，用于国家经济的其他建设。可是，发展棉纺织业，是需要大量棉花的。例如一个拥有10万纱锭和3 500台织布机的棉纺织厂，以每天三班生产计算，一年就需要40万担皮棉。没有足够的棉花，机器就不能充分利用。1956年由于自然灾害的影响，棉花减产，加上统购偏松，国家少收了皮棉。棉纺织厂因原料不足，曾经部分地减少班次，停工待料。这就使得今年棉布供应紧张起来，以致不得不降低布的供应定额（1957年9月26日《人民日报》社论）。我们国家按人口平均耕地面积很少。为了保证粮食的需要，就不能过多地扩大棉花种植面积。为了保证国家的社会主义工业化，也不可能使用大量外汇进口外棉来增加棉布供应。况且因为1957年棉花种植面积减少，更不得不减少棉布的供应，但减少数目并不多。国家供应给全国人民每人的平均棉布定量，一般为16尺，比上一年度的20.65尺，减少4尺多。

又因为我国还是一个农业国，农业的丰收或歉收，对社会主义建设有很大的影响，因为目前农业生产还不能摆脱自然条件的限制，农业收成好坏还不能预测，只有到秋收后，才能比较可靠地确定下来，才能计算财政收入，按照积累和消费的比例，确定本年度基本建设的投资，这样自然会影响年度的工作。在上半年不免要窝工，在下半年不免要赶工，甚至突击，影响工作的质量和工作的安全。

2. 我国原材料的生产不够，尚不能满足加工制造、工业、建筑业和人民生活的需要（如生铁、如煤炭）。

3. 各种优质钢材（如不锈钢），我国尚不能自制。

现在就以上三个问题，分别加以讨论。

（一）棉花不足可不可以多进口一些的问题

我们国家既缺少棉花，可不可以多进口一些呢？这个问题确实值得加以讨论。这几年来，国家种植棉花的面积是 9 000 万亩左右，一般说，不能超过这个数目，超过了就要影响粮田的种植面积。以每亩产 30 斤皮棉计算，9 000 万亩棉田可产 2 700 万担，如果有的棉田每亩可产 30 几斤，就可向上加些，大体上不出 3 000万担。所以 1958 年棉花播种面积以稳定在 9 000 万亩为宜，如再缩小，就会影响棉布的供应。我们要提高棉花的商品率，在 1957 年至 1958 年度，棉花的收购量要争取达到 2 200 万担以上。将来肥料问题解决之后，当然可以再向上增加，那是第二个五年计划以后的事，这两三年来，还增加不上去。

但如棉区农民大家少留自用棉，对于国家是有利的。我国棉农近两亿人，每人少留一斤棉花，国家就可以多买到近两亿斤皮棉。这对于纺织业的生产和国家经济建设，无疑地都是很大的贡献。产棉区的农业合作社和棉农们多卖棉花给国家，得到价款，不但可以投入农业生产，提高明年棉田的单位面积产量，并且可以适当地改善生活，这对于农业社和棉农们也都十分有利。有些棉农因为想多留一些棉花来发展土纺土织，增加收入，就不愿意多卖棉花给国家。这种情形应当尽量改善。土纺土织在某些地区是棉农增加收入的来源之一，而且历史上也有这种习惯。但是应该看到，土纺土织同机器纺织比较，浪费棉花是很多的。一斤棉花用于土纺土织，一般只能织布 12 平方尺；而用机器织布就能织 30 多平方尺。这就说明了远不如机器纺织合算。棉农们应该尽可能地压缩土纺土织，把节余下来的棉花用来支持机器纺织工业，为社会创造更多的财富，为国家积累更多的资金。有人问："我们现在纺纱的能力有多大呢?"大约有 700 万枚锭子，还可以再制造，现在制造的速度也很快，所以纺纱厂的建筑也比较快。现在正常的生产能力，大致一年可以生产棉纱 560 万件，而棉花的供应，除去农民自用的棉花和充其他各种用途的棉花之外，尚足以每年生产 400 万到 450 万件棉纱。但生产的能力，可以达到 560 万件，若加一点班，突击一下，也可以达到 580 万件。这样一来，棉花的供应是不够的，加以棉产忽而丰收（如 1955 年）忽而歉收（如 1956 年）更容易使供产失调，因此，发生了棉花进口的问题。但进口外棉，要受外汇的限制。我们的意见，不如依照 1957 年 10 月 20 日《人民日报》社论所指出的办法，一面发动棉农把全部棉花采摘干净，争取好坏棉花全部还家。如果把散失落地的棉花都拣起来，依每亩平均多采摘两斤多皮棉计算，全国八九千万亩棉田，可以增加 170 万担以上的皮棉。这是一个很大的数目。一面合理地压缩棉产区留用棉花的数量，对于完成棉花统购任务有极大的关系。只要农业社在分配留用棉的时候，对于社员不同的需要进行适当的调剂，例如在留棉标准范围内，组织农民自报实际需要量，属于节约的部分给钱，属于实际需要的部分给棉，这样国家规定的留棉标准，完全可以保证棉农的需要。如能保证1957年规定的留棉标准不被突破，全国就会在1956年的基础上合理压缩一百几十万担棉花留用量。这也是一个很大的数目。加以1957年棉花收成不错，估计可比1956年增产两三百万担。据各地反映，1957年收购的棉花品质比上一年好，多为三、四级棉，上一年多为四级棉或五、六级棉。棉花纤维一般要比上一年长十六分之一到十六分之二英寸。棉花的含水量一般也比上一年减少3%左右。棉花的衣分率在许多地方平均比上一年增加10%左右。

把以上的三个数目加起来，可以达到五六百万担，可以使国家的棉花库存适当地增加，以便在歉收年景平衡工业和市场的需要，实行以丰补歉。这样棉产忽而丰收，忽而歉收，使供产失调的现象可以免除。

至于前面谈到的进口外棉的问题，进口外棉，还是正确的政策。就历年的进口数来说，1953年有20 000吨；1954年有53 600吨；1955年有92 400吨；1956年有47 800吨，这一年进口少主要原因是1955年的大丰收；1957年只进口34 800吨，比1956年更少了，原因在什么地方呢？原因在外汇。1957年外汇相当紧张，我们不能放手去做，因此布票要折半使用。我们还应该考虑以外汇买外棉，卖给我们的，一个是埃及，一个是巴基斯坦。埃及棉花的价格，大概是每吨一千多块美元；巴基斯坦的是每吨八百多块美元，均相当贵。埃及的高级棉纺成纱，织成布，在我们的国内用不起，只得拿去出口，这是一个限制。因为资本主义国际市场棉布总输出量大约每年50亿平方码左右。日本、印度、英、美等大约要输出30亿平方码，日、印两国今年准备增加输出，其他国家的棉织品也要投入国际市场，竞争是十分激烈的。我国的棉布主要市场是在东南亚各国，但他们的纺织业亦正在发展，所以希望不大。但以外棉纺成纱，织成布和内衣，运输出口，是有利的事业。前几年进口外棉，就是这么一个情况，今后还是值得研究的，在可能条件下可以逐步向这方面努力。但要大量进口，要看外汇的多少以为断，就是要受外汇的限制。这是第一个限制。

（二）棉花不足可不可以用别种纤维补充

棉花供应不够，已如上述。如能以别种原料替代，亦可以帮助解决这个问题。比如全国人民代表大会酆云鹤代表（女）是对化工很有研究的专家，曾留学德国，回国后，也管理过工厂，富有经验。在她的 1956 年上半年视察工作报告中提出建议，用苎麻纱代替棉纱结制渔网的意见。水产部于 1957 年 5 月 24 日作了答复（载全国人民代表大会 1956 年上半年视察工作报告处理简报第 26 号）。说水产企业几年来曾经多次试验用苎麻纱代替棉纱与马尼剌麻结制渔网和绳子，但效果并不很好。如旅大水产公司用苎麻制绳试用后，发现拉力差，易打滑的缺点，而且苎麻原料目前国内供应极端不够，所以这个用替代品问题还应该继续加以研究试验。在南方几省群众生产中有部分渔民使用苎麻制的渔网和绳子。但苎麻原料非常缺乏，还不宜广泛推行以代替棉纱。此外，从长远利益来讲，棉线网、苎麻网都不是发展的方向，最理想的是使用尼龙结网，它的好处是使用年限长，轻便并且成本低；但由于我国目前尚未生产，进口又缺少外汇，因此尚不能应用这种网具。水产部计划在 1958 年进口一部分试用，以逐步代替棉纱网。

侯德榜先生在他的发言中（在1957年3月政协会议上）亦说："要解决穿的问题而又不影响粮食的生产（因不与粮食争地），就需要发展人造纤维的工业，补充棉花的不足，如尼龙、卡普隆、爱兰德、丽绚、维尼隆、聚丙烯氰、聚氯乙烯、忒尔里林，等等。这些人造纤维的质量轻而耐穿，一尺人造纤维至少可抵五尺棉布用。一双合成纤维袜子的穿用时间，一般可比五双棉线袜，而且它有耐热、耐光、不生霉和不为虫蛀等优点。解决了人民的衣食问题后，我们就可以集中力量，解决其他问题，保证实现社会主义社会的美好生活"。据纺织部蒋光鼐部长在1957年全国人民代表大会上的发言，在第一个五年计划内纺织部已恢复并改建了上海安乐和东北安东二个人造纤维厂，并正在筹建北京合人造纤维厂和保定人造纤维厂，北京厂已于1957年8月25日动工兴建，是由德意志民主共和国按照世界第一流水平帮助我国设计的，机械设备也是他们供给的。1959年投入生产后，每年可产380多吨合成纤维，将在培养技术力量，积累经验等方面，为进一步发展我国的人造纤维工业打下基础。吉林肥料厂1957年投入生产后，1958年还要扩建，扩建后还可以用硝酸，合成氨和其他产品，来生产卡普隆等类的人造纤维。

吉林肥料厂、吉林染料厂和吉林电石厂三大工程，已提前完成投入生产了。肥料厂每年生产的肥料，可以增产粮食14亿多斤，染料厂将供应我国缺乏的许多染料中间体和高级染料，电石厂投入生产后，将为有机合成化学工业的发展打下一个基础；在这个基础上，将生产多种多样的有机产品。农业和合成纤维进一步的发展，就可以使我国人民在吃饭和穿衣两方面能有更多的改善。

但要建设大规模的人造纤维工业，需要相当长的时间，因此棉花不能很早地得到替代品，棉布就不能很早地充分满足人民的需要。在目前用储备制度以丰补歉是最适当的办法。

（三）原材料供应不足，可不可以多生产一些的问题

关于这个问题，让我来举两个例子来说明：（甲）是一般工业的原材料问题——煤，（乙）特殊工业的材料问题——电子管厂的材料。

（甲）一般工业的原材料问题——煤

煤的供应相当紧张，让我来谈谈煤炭的生产。我国第一个五年计划的原煤产量为 1.1299 亿吨，第二个五年计划为 2.1 亿吨，初步暂订第三个五年计划为 4.06 亿吨。据全国人民代表大会代表费广泰、张子富（两位都是抚顺的煤矿工作者）两位同志 1956 年冬季和 1957 年春季两次视察四个矿务局的实际情况后作出的全国原煤产量的估计，第一个五年计划的 1957 年指标，不但可以胜利完成而且还可以超额完成，因为 1957 年国家所布置的计划任务是 1.1727 亿吨，已经比第一个五年计划指标超额 428 万吨。两位代表所视察的四个矿务局，包括江西的萍乡、安徽的淮南、山东的淄博和辽宁的抚顺，都是富有代表性的。现在各矿所订的超额计划，实际是在以上这个超额指标的基础上而又超额了。据费张两位代表的初步估计，1957 年完成 1.2 亿吨的可能性是很大的。这个可能性是根据确实可靠的实际生产情况计算出来的。新中国成立后全国煤矿职工在党和政府的领导下，发挥了积极性和创造性，煤炭产量迅速上升，劳动生产率也显著提高。以

萍乡矿务局所属高坑、安源、青山及王家源等四个矿为例，1949年全局全年原煤产量不过83 000吨，劳动生产率平均为0.066吨；1957年原煤计划产量为177万吨，是1949年的21.5倍，劳动生产率平均为1.014吨，是1949年的15.5倍。

就1955年世界统计资料来看，全世界人口为25.283亿人，同年煤的产量为20亿吨，按全世界人口平均分配计算，每人约为0.8吨，也就是国际产煤水平约为0.8吨。我国人口为6亿，要达到世界水平，每年应产煤4.8亿吨。我国到1967年第三个五年计划完成时，才能出产4.06亿吨，因此必须超额完成20%，方能达到世界水平。所以全国的煤矿工作者还要继续不断地做最大的努力。只要艰苦奋斗，勤俭挖掘，一定能够赶上世界先进水平。最近使我们欢欣鼓舞的是我国1956年工业发展速度占世界第一位。1949年解放时，由于反动派的破坏，年产量仅达到3 098万吨；解放以后，根本改变了煤炭工业的面貌，据王德滋代表（一位煤炭工业技术工作者）的估计："原煤产量已由1949年的3 098万吨增加到1956年的1.09亿吨，1957年预料可以生产1.2亿吨，超过以往七十年发展的速度。"新中国成立前中国煤矿工业已有七十多年的历史，战前最高年产量为1942年的6 188万吨，较大的煤矿几乎全部掌握在帝国主义和官僚资本家手中。新中国成立以后，在第一个五年期间，"我们每年增产1 000万吨左右，这个数字相当于英、法两国1951年至1955年煤炭产量增长的总和。"而且现在我们已经初步学会了大型煤炭矿井的设计和施工技术，掌握了一些特殊施工的经验，康拜因、割煤机、绞车等很多大型设备，我们已经可以自己制造或正在试制。基本建设队伍发展的亦很快。1952年我们只有65 077人，而1956年我们已拥有261 345人的一支建设大军，从地质勘探、设计、施工各方面建立了专业的队伍。目前地质勘探方面，每年可完成120万公尺的钻探任务，获得40亿吨煤炭资源。设计方面，每年可担负3 000万吨能力的矿井设计。施工方面，每年可以完成建筑安装工程4.7亿元以上，保证数百处矿井同时施工。这支大军是解放以后从无到有从小到大发展起来的。有了这样的优良条件，我可以肯定地说：1967年我们一定能够赶上甚至超过世界先进水平。

（乙）特殊工业的材料问题——电子管厂的材料

苏联帮助我们建设156项重点工程。从资源的寻找、厂矿地址的选择、设计资料的搜集、设计直到建筑、机械安装和投入生产等各个环节，没有一项离开过苏联专家的指导。但许多新建企业，在投入生产以后存在着一个根本性的问题，就是如何使材料供应与生产相适应？如需要从国外进口，则在外汇、订货、品种、数量和供应时间各方面都没有完全可靠的保证，就不免中途被迫停产。并且使企业的生产长期处于被动。在建设初期，向国外订货，固可以解决燃眉之急，但不是久远之计，拟应一面向国外进口，一面即在国内积极开辟材料的来源。以北京电子管厂为例。我们在国外订货中，直接用于电子管的材料有213项，目前有96项国内已经能供应，有112项已经试制成功，或正在试制中，两项合计208项，占213项的97.6%。这些国内材料的采用，保证了正常生产，降低了成本，节约了大量外汇，降低了储备，节约了流动资金。1958年可以比1957年减少外汇57.5%，节约流动资金17%。如果再接再厉，继续努力，到1959年便可以在国内基本上组成电真空材料供应体系。

但组成电真空材料的供应体系，不是一帆风顺的。1956年第三季度，当接近开工之际，技术资料已经到达，生产用料尚无着落，外汇很少，订货困难，深恐开工后就会被迫停工。欲解决有了现代化的电真空企业而没有与其相适应的电真空材料供应体系的矛盾，非在国内积极开辟材料来源不可。但新材料试制工作是一种极其复杂的工作，它牵连到许多工业部门，又牵连到许多复杂的技术问题和原料问题。因此，不能单靠一个厂去组织或督促试制工作。如果单独行动，虽然也能取得一些成绩，但是费力大、时间长、效果小，不得不取得有关工业部和兄弟厂的支援，进行材料试制工作。北京电子管厂曾邀请中央八个工业部的负责同志和有关兄弟厂的负责同志、工程技术人员到电子管厂参观。经过参观，他们了解了电子管厂的困难和需要，都愿意予以援助。这样就为顺利开展新材料试制工作创造了良好的条件。现在已经有 12 个省、28 个城市、68 个企业正在为电子管厂试制新材料。直接用于电子管的 213 项国外材料，除五项尚没有找到试制单位以外，其余全部找到了试制单位。因为试制和代用的项目很多，不能用分散的办法，一个时期抓一个关键材料就可以，而是同在一个时期，要找几十个甚至几百个关键材料，其中没有哪一个就不行，所以需要有组织有计划地去进行工作。俟国产材料试制出来以后，要在生产中应用，也不是一件容易的事情。职工群众顾虑很多，怕产品质量没有保证，必须发动群众，利用各种会议，反复地向职工说明材料问题的严重性和积极采用国产材料的重要性。此外还须指定专门技术干部帮助车间解决采用国产材料中发生的问题，等等。现在采用国产材料的工作已顺利地展开了。

以上两个例子足以说明只要遵照党和政府增产节约的指示再接再厉继续努力，原料问题一定可以逐步解决。

（四）各种优质钢材，我国尚不能自制，可不可以进口一些的问题

在帝国主义国家实行所谓封锁禁运的情形下，如果没有苏联和其他兄弟国家供应我国某些必须进口的物资，那么我们就不能不用很高的代价去向资本主义国家的垄断商人购买。有些商品即使高价求购，也难买到。例如各种优质钢材，苏联尽量满足我国的需要。但其中有一种是我们一时无法解决的，这就是不锈钢，苏联产得亦不多，从其他国家也买不到。四川金堂化肥厂可以做些事，是很有希望的，但不锈钢始终没有得到。建设一个化肥厂，从设计、建筑、安装到开工，大体要花五六年的时间，一般说来，这种厂应设在工业化有了基础的国家中，甚至可以说高度工业化的国家才能大量发展肥料工厂，因为需要的技术比较高，用的材料比较细致。政府有鉴于此，就设法争取把化学工业搞得好一些，快一些，所以 1956 年把重工业部分成三个部，其中一个是化学工业部，这是第三个限制。

但我国钢铁工业发展得很快，许多高级和特殊钢种自己已能生产。钢种方面，像航空工业用的高耐热合金钢、高级合金结构钢，电机工业用的特殊物理性能钢、各种不锈钢，以及其他许多解放以前不能冶炼的钢种，现在都可以生产，不过数量还不够多。钢材方面，已经能够生产多种大型钢材、合金无缝钢管、造船钢板、汽车钢板、不锈钢板、解放以前根本不能制造的生产飞机用的耐热钢板、钢丝绳等产品，现在也都能够生产了。

八、在这些限制克服中，自然会更进一步地改变社会主义建设的面貌

我在《此书各篇论文内在联系的说明》一文中首先把宇宙内事事物物按团团转的比例发展规律联系起来的理论建立起来了。第二在哲学思想方面，宋明程朱一派哲学家认为“理”可以离开事物而独立存在，故说“理在事先”，或“理在事外”，我则谓这个团团转的“理”（如综合平衡的“理”，按比例发展的“理”）不能离开事物而独立存在，“理”即在事物之中，离开了事物无所谓“理”，故说“理在事中”。我在第一篇平衡论结尾中，把团团转的意思说得很明白，在第二篇平衡论的结论中把“理在事中”的见解也建立起来了。但是这个团团转的“理”，不是单在平面上转动而已，乃是时时刻刻向上再向上地转动，它的转动必是螺旋式的，决不是平面式的。螺旋式的发展，就是社会发展的规律。这就是我企图在这篇论文中建立起来的。

（一）从发展的观点谈平衡理论

1. 在确定工业基本建设投资的时候，就要在第二个五年计划期间适当地增加对中小型工业企业投资的比重，贯彻执行大、中、小型企业相结合的方针，使我在第二篇平衡理论第七节中所说的大型和中小型企业间的平衡更提高一步。以水利工程来说，中国现在出现了像漭河流域和天津专区这样由于兴修水利而使得整个流域、整个专区大大增产的典型。这些典型事例，都说明了

我国农业合作制度有巨大的优越性。从这两处的经验来看，有几点十分值得重视，其中最重要的一点，就是绝大部分水利工程是小型的，效益却是巨大的。天津专区已由缺粮区变为余粮区；在河南漭河流域，济源县的粮产量由1952年的九千八百多万斤增加到1956年的一亿九千七百多万斤。能够取得这些成就，主要是因为发动群众普遍兴修了小型水利工程。小型水利工程，不仅可以广泛举办，而且收效快，大大节省了国家投资。漭河的治理只用了四年时间，国家投资只25万元；天津专区的洼地改造只用了三年时间，国家对每亩地的直接投资仅两角八分。小型水利工程有不少好处：（1）技术不很复杂；（2）设计比较简单；（3）地址容易选择；（4）不必废弃耕地，迁移居民；（5）同群众的当前生产也容易密切结合；（6）因此这种水利工程容易发动群众兴修，能够多、快、好、省。大型工程则与此相反：（1）国家投资大；（2）技术性高；（3）地址选择较难；（4）施工期间长；（5）生效慢，不容易与当前生产相结合；（6）因此，就不可能多和快。中央规定的关于水利建设的方针是："小型为主，中型为辅，必要和可能的条件下兴修大型工程。"这个方针符合我国当前的具体情况。当然小型水利也有它的短处，大型水利也有它的长处，所以有些同志认为特大洪水到来的时候，小型水利无济于事。当然，无可否认，小型工程有它的局限性，但能抵抗普通水旱灾害，对整个经济建设和人民生活能起重大的作用。对于特大洪水的危害，当然在可能条件下有兴修大型工程的必要，这点是不能忽视的。但要兴建一个能够防御千年一遇大洪水的水库，像四川三峡水库那样的设计，据著名工程师陆钦侃先生的估计，要花一百余亿元；为配合这样大的电能，还要在广大的周围建立相应的工厂企业来充分利用。它们的造价（投资）要达五六百亿到一千亿元。哪里来这许多钱？有了钱，哪里来这许多钢材和水泥？况工程浩大，二十年内恐不能完全建成。投资数目这样大，兴建时间又那样长，以长远利益来说，方针与政策是对的，无可批评的，但以目前人力、物力、财力来说，以与人民当前生产相结合一点来说，是不现实的。因此在国内目前的情况下，在目前的人力、物力、财力下，如何来搭配中、小型和大型水利，使成一体系并使之达到最适合于目前环境的平衡，是关系我国经济建设的一项重大工作。这样的平衡是比过去要恰当得多了，可以称为高一级的平衡。这一点留第九节中再详加讨论。

2. 在第二个五年计划期内，我们也将增加对地方工业投资的比重。除此之外，还要使地方不仅能考虑地方投资的合理性，而且也可能考虑当地中央所管的企业和事业单位投资的合理性，使中央的同地方的建设事业密切地结合起来。这样，中央与地方的工业管理系统不致因互不通声气，各搞一套，造成某些不必要的浪费。这样就能使我们在第二篇平衡理论第六节中所说的“中央工业与地方工业间的平衡”又提高一步。我们认为在严格执行国家计划的条件下，予地方以一定程度的机动权，以鼓励其积极性和创造性，这会使中央与地方职权达到较高的平衡。任何计划在执行过程中决不会丝毫没有变动，因此我们必须及时检查计划的执行情况，及时发现可能产生的不协调和不平衡现象，以便计划部门及时采取措施来迅速予以解决。

就目前的情形来看，中央工业必须与地方工业相结合，才能取得更大的收获。我国幅员广阔，有着无数分散的资源。中央工业只能利用大而集中的资源，只是注意生产关键性的产品，那么，利用各地分散的资源，满足各地多种多样需要的责任，就必须由地方工业承担起来。且中央工业与地方工业相结合，可以免除建设力量重复浪费的现象。例如在某些地区，中央与地方先后兴建了一些糖厂，但由于原料不足，以致均不能发挥设备力量，或需将某些厂另行迁移；又如某些地区的当地机修力量本已有余，但在该地新建中央企业，仍要自建机修车间。这是“万事不求人”的单干思想，是落后的自由经济时代的思想反映。另一方面，由于地方工业与中央工业间及各省市地方工业间缺乏密切的联系，也产生过一些盲目发展的现象，如某些省市的建筑五金材料及水暖器材已有剩余，而另一省市又进行新建、扩建。我们要知道中央工业和地方工业共同形成我国社会主义工业的一个整体，它们必须相互结合、相互密切协作，方能达到更恰当的平衡，把平衡的水平更提高一级。一辆汽车是由三千多个部件和零件装配起来的，长春汽车厂需要的许多零件，是由地方机械工厂供应的。某些大钢铁厂需要的铁矿石、生铁也有一部分是地方工业企业供应的。因此，我们必须加强产品平衡工作，使产品的供、产、销和企业的新建、扩建计划，都能纳入平衡计划，以保证中央工业和地方工业彼此衔接，使中央和地方各企业生产能力的有余和不足之间能相互调剂。地方与地方之间，也要防止发展过程中可能产生的盲目性，必须各把自己的发展置于全国平衡的基础之上，以避免因自己的发展而使其他省市出现生产萎缩或设备不能合理利用的现象。这样才能使中央工业和地方工业达到更高一级的平衡。

3. 我们也将增加对新工业建设投资的比重，使我在第二篇平衡理论第二节中所说的“原有工业和新工业之间的平衡”更推进一步。

4. 此外，对于新的工业企业的建设，要同现有的工业企业、手工业、农业密切结合，使我在第一篇平衡论第五节中所说的

“工业和农业的平衡”又升高一级。

5. 我们在第一篇平衡理论第七节中说过：过去“有部分产品品种减少，若干产品的质量下降，质次价高；某些产品供应不及时，花色品种不对路，这里积压，那里脱销，不能适应人民日益增长的需要。”且过去商业经营环节有的地方多得惊人，如土纸从收到卖，有的地区多到六七道环节。说是为国家积累资金，实际上因为流转环节过多，真正获利无几，所以有的干部对环节过多不满地说：“一统、二转、三关、四过手，手手要榨油，真正的油水并不多。”最好收购包销的产品要采取“产销直线结合”方式，即产地生产单位，将产品直接卖给主要销地进货商业单位；包销而属于出口部分产品，应该直接销于出口贸易部门，不必经过内销商业部门之手。每年事先作好平衡、分配、安排、挂钩、互订合同工作。不少收购包销产品如土纸，均有一定销售渠道，某地某种产品主要销区及数量，均有一定基础，如江西瑞金玉扣纸出口一向直运广州，宁都毛边纸一向直走上海，做起来并不费事。也可以选点试办，逐渐推广；因为事先平衡了，安排了，也不会发生争购，更不影响包销，同时可以大大地减少不必要的环节和节省人力、物力、财力的浪费。并且在不影响国家资金积累和社会销售价的情况下，可以适当调整偏低的收购价或工缴费，以保证生产者应得的劳动收入，进一步发挥他们的劳动积极性。因此在第二个五年计划第一年的国民经济计划的编制里，要规定今后在建设新企业审查设计的时候，如果在供、产、销之间没有取得经济而又合理的协作关系，即不应当批准该项建设项目。这样就可以使第一篇平衡论第七节中所说的“工农业与商业的平衡”和供、产、销关系益加恰当和密切。

6. 上海重工业的产值比重已在全市工业总产值中跃居第一

位。因各重工业单位无非利用原有基础进行改建和扩建，所以发展速度比较快，而几年来的投资放在重工业方面的占 82%；放在轻工业和纺织工业方面的仅占 18%；原来以纺织工业为工业主体的上海，现在已经开始形成一个重、轻、纺织工业合理发展的综合性工业城市。同时新工业中心正在陕西形成。1957 年在陕西的工业建设面积，超过前四年总和的一倍，这样，就改变了过去工业分布偏在沿海的形势，使第二篇平衡论第三节中所说的“沿海工业和内地工业的平衡”更提高一层。况冶金工业部决定在 18 个省市和自治区内设 18 个中小型钢铁厂，则沿海与内地的平衡可以更提高一层是肯定的。

7. 发展原材料工业，目的有三：（1）集中力量，发展化肥、煤炭等工业以促进农业；（2）发展黑色金属、有色金属、石油、盐碱等工业，以满足制造工业、运输机械工业以及化学工业发展的需要；（3）扩大出口贸易，增加煤炭、生铁、食盐、有色金属和非金属产品的生产，以便适当地增加矿产量的出口比重，缩小农产品的出口比重。所有出口的矿产品，都要尽可能地在国内经过加工，再行出口，以充分发挥我国工业生产能力。这样就更容易使第一篇平衡论第八节所讲的“进口贸易和出口贸易的平衡”上升到较高的水平。

8. 我国耕地少人口多，农业比重大，在人民生活水平低、经济发展不平衡的情况下，建设中小型工业企业，可以扩大社会就业面（详以下十、十一、十二等节）。这可解决一部分地少人多的矛盾。但处理人多地少的根本办法，还不外乎一面增产物资，一面设法控制人口。人口的增殖，从中央有关部门负责人就“发展工业必须和发展农业同时并举”问题所发表的意见，可以看出我国人口问题的重要性。（见 1957 年 11 月 14 日《人民日报》）负责人说："我国人口众多，并且增加很快，人民生活虽然比解放以前有了很大的改善，但是生活水平仍然不高，这都迫切要求农业的发展。我国的人口以每年增加一千三百万计算，加上全国每人每年的粮食和棉布的消费水平提高2%，就需要大约130亿斤粮食和60万担棉花。可见，如果农业得不到进一步的发展，由于人口的增加，人民生活不但不能提高，而且还有降低的危险"。中央有关部门负责人的意见与我在《新人口论》一文中所发表的意见相符合。其令我最感欣慰愉快者，党政领袖们都注意这个问题。现在广大农村正值大鸣大放的时候，普遍地展开讨论，一定会取得不少的收获。有一位研究印度尼西亚人口问题的外国专家对我说："你们的优点，是党政领袖们已注意到这个问题的严重性，不然的话，只靠学者们口说笔写，效果很小。"他又说："印度尼西亚的人口问题比你们的严重得多，但政府对此漠不关心，足见你们共产党政府的伟大。祝贺你们有这样的一个政府。"我听了他的话之后，觉得他的话就是我心中要说的话。现在我对于这个问题不像过去那样焦灼了，因为由于党和毛主席的英明和正确的领导，人口的控制，已有了办法。1957年10月26日发表的1956年到1967年全国农业发展纲要（修正草案）第二十九条中规定："除了少数民族的地区以外，在一切人口稠密的地方，宣传和推广节制生育，提倡有计划地生育子女，使家庭避免过重的生活负担，使子女受到较好的教育，并且得到充分就业的机会。"我深信有了这样一项规定，人口的控制问题，就有解决的办法了。并且这个第二十九条的规定在农村中已取得了不少收获。比如四川省内江县双井农业生产合作社最近就节制生育问题展开了大辩论，许多社员都认为今后应该有计划地生育子女。这次辩论是在讨论粮食问题时引起的。社里粮食年年增产，可是有些社员粮食消费水平却没有相应提高。社员在讨论中发现原来是人口增加太快，全社去年一年就增加 52 人，需要消费粮食 31 000 多斤，要平均每亩多增产 27 斤才够吃。但这里有早婚多生子的风气，这个问题过去并未引起大家注意。近几年，生活有了改善，这种风气更有了发展，许多人认为“早栽秧，早打谷，早生儿子早享福。”老年人鼓励儿女早婚，青年人也是刚满规定年龄就急忙结婚。政府宣传节制生育时，不少人思想有抵触。在大鸣大放中，有人还提出意见说：“政府连我们生多少娃娃也要管”，表示很不满意。后来这个社专门召开了节制生育问题的辩论会，辩论“节制生育到底好不好。”参加的人很踊跃。有人发言说：“娃娃多了，顾吃顾不到穿。前年入社，去年多分了 400 多斤粮食，可是添个娃娃就用得精光，现在还欠 30 多元债。娃娃多了，生活提不高，老婆和我吵过好多架。”在会上，大家都算起人口增加的细账来，算到后来都很吃惊。大家感到这样下去，一年要增产多少粮食才够吃？哪还有多少余粮卖给国家支援工业建设？接着，全场你一句，我一句议论起孩子过多的害处来。生过六个孩子的一个人说：“娃娃一多，照顾娃娃就照顾不了生产。有时做活回来，娃娃没人照应跌得头破血流。去年我只做二百多个工分，娃娃少的人却做了一千多个工分。”在会场上有些人还批评了“早生子早享福”的思想，理由是有了合作社，勤劳动就能改善生活，把合作社办好，比啥都可靠。（意思就是不必一定要靠儿子。）全场的人都认为政府提倡节育正是关心他们的生产和生活。不过有些社员嫌避孕麻烦。经过争论，大家感到有点小麻烦，还是比生产过多带来大麻烦好。有些社员还建议在农村加强节育的宣传，改进避孕药物的供应工作；并希望医院能想出更简便更经济的避孕办法。

9. 在第二个五年计划期中，随着国民经济的发展，我国的国民收入一定随着增加。这些收入要在积累与消费之间作合理分配，但增加部分的大部分只能用于积累。依照国民经济长远利益的要求，这笔用于积累的资金，最有效地用在发展原材料工业和农业中去，因为这两个部门是我国目前国民经济中最薄弱的环节。这样，不仅能够增加出口物资，且能够增加消费品，这对于解决积累和消费间的矛盾，能起更大的作用。能使第一篇平衡论第九节中所说的“积累与消费之间的平衡”上升一级。

回忆 1956 年好多地方农业社的夏收预分结果，一部分的社不能达到保证 90% 的社员增加收入的要求，如河南全省农业社约有 40% 多的社有这样的结果，主要原因是由于绝大多数农业社都忽视了发展多种经济的工作，而这个忽视是首先由于部分干部对发展多种经济的重要性认识不足，错误地认为发展多种经济是走资本主义道路，有的怕搞副业，影响了农业生产任务的完成。在社员当中，除了怕搞家庭副业被扣“资本主义自发势力”的帽子以外，还怕社内不给时间和赚了钱被强迫投资。此外在各级领导上，对农业增产指标和基本建设的要求的过高过急，也影响了农业社在经营方针上产生了单一化的倾向（专重粮棉）。湖北黄陂县的星火社甚至动员喂猪户赶快把猪卖掉，把钱投到社里，在此社的第五生产队里，队长看见一个队员的猪糟蹋庄稼，把它打得四天没有吃食。有的社员因为家庭副业已经停顿几个月了，看不到一点现款收入，于是向社里支借油盐钱、零用钱的人越来越多。天一亮，会计室里就挤满了人，支借户从几十户增加到一百多户。

在这样情形中，中央才提出少扣多分多劳多得的分配政策，这是完全正确的。但是现在的情形不同了，要反其道而行，不取少扣多分，应取多扣少分的方针。政治觉悟高的人说：在合作社建设初期，为了稳定社员的情绪，实行少扣多分的分配方法，较多地照顾社员改善生活的要求，这是正确的。现在多数社员的生活有了不同程度的改善，1956 年农民食用和储备的粮食比 1949 年增加了 1 100 多亿斤，1956 年国家供应给农民的布匹比 1950 年增加了两倍。从许多调查材料来看，除去少数富裕中农以外，原来的中农、贫农、雇农的收入，一般都比抗战前有显著的增加。现在农村里，真是人人吃饱饭，个个有新衣。1956 年全国已有 80% 的社和 75% 的社员增产增收。1957 年是中等年景，粮食和各种农作物比去年都有增加，棉花比 1956 年增加 390 万担，猪增加 3 000 多万头。粮食每亩平均产量分别达到 400 斤、500 斤和 800 斤指标的，全国 65 个县（市），亩产 100 斤皮棉以上的棉田有 418.6 万亩。据山东、山西、浙江、陕西、江西、河北、广东、辽宁、湖北、吉林、黑龙江、福建等省不完全的统计，有 20% 左右或 30% 左右的农业社，已经赶上或者超过了当地富裕中农的生产水平和收入水平。甘肃张掖专区全区平均的生产水平已经赶上当地富裕中农的生产水平，已经有 70% 的社员的收入水平赶上或者超过了当地富裕中农的收入水平。敦煌县全县平均每个农户收入 1 577 元（全县共 9 904 户农户），每人平均 277.6 元（全县农村人口共 53 744 人）。这就说明多扣少分增加农业合作社的公共积累，不但是应该的，而且是可以办到的。

现在合作社的多数成员是原来的贫农和下中农，家底本来很薄，若要赶上富裕中农的生产水平，必须先把“家底”尽快地建立起来，不应该把全部收入分配掉了。在生产水平和生活水平逐步提高的基础上，合作社适当地多留一些，对生产有莫大的帮助；社员适当地少分配一些，对生活不会发生严重的影响。应该教育全体社员从大处着眼，积极支持这种作法。至于许多社员把生产的结果浪费在吃喝、婚丧、迷信、赌博等方面，而不用作积累和储蓄，这种恶劣现象，必须快快纠正。

有些人往往强调本地区的特殊情况，说什么丰产地区可以这样办，由合作社多扣一些社员少分一些，贫瘠的地区就有困难；平原地区也可以这样办，山区就有困难；别的地区向有集资筹料的习惯可以这样办，多扣少分，本地区一贯是由国家投资办水利，马上改变方式就有困难……这种种说法都是不对的。甘肃省武山县是一个贫苦山区，今年一年发展了十一万多亩水地，其中给补助的每亩也不过一角七分钱。我们是世界的主人，是生活的主人，是我们自己命运的主人，我们要永远满怀着信心，面对着未来，不要老是在一个地方兜圈子，而不能起螺旋式上升的作用。现在不能再说“有困难”这类的话了。两年前“有困难”，经过两年的实践，为什么还会“有困难”呢？自己有困难，在别的地方不是已经作出许多榜样了吗？也不要再说“条件不好”一类的泄气话了。许多自然条件很不好的地区，不是也走到最前列了吗？别人做到了的，为什么我做不到呢？

在全国范围内，正在轰轰烈烈地、热火朝天地开展冬季生产三大运动，千千万万的共产党员、共青团员、转业军人、下放的男女干部和回乡军官家属，正在新的岗位上和农民群众肩并肩地向改造大自然进军。人流在山间布满，车辆在公路上奔驰，船只在河流中急驶，农村沸腾了，新的生产高潮掀起来了，人们到处在学习和辩论农业发展纲要，若要达到纲要所规定的任务，照老步子走去肯定是不行的，决不能在十年之内达到纲要所规定的指标，也不能在十五年后赶上英国。又有些人说：过去省吃俭用，是为了买田置地传后代，现在土地归了合作社，老了可以要求

“五保”，病了可以要求补助，荒年可以要求救济，一切有合作社在。所以有些人一心讲究吃穿，分红后就滥吃滥用。这种只顾眼前，只顾个人利益的想法和作法显然是不对的。全国有6.4亿人口，如果每个人一年多用一块钱去买粮食，国家就需要60亿斤粮食的供应，每个人一年多用一块钱买布，国家就需要增加2 000万匹棉布的供应。每个人多花一块钱是小事，但是国家和合作社就要增加大量的物资供应。如果6.4亿人口都不考虑增加积累，扩大再生产，把现在生产出来的东西，全部或大部吃光用光，则国家还有增加积累的可能吗？还能为农民增产化学肥料、多制农业机械、建筑大型水库吗？过去积累与消费的比例是积累二十或二十一比消费八十或七十九，在第二个五年计划期内，似应把积累的比例提高至二十三四，消费比例降低到七十六七，积累多了，可以再扩大生产。

条件比较不好的山区人民那股排山倒海的劲头，已经冲破了不知多少古老的风俗习惯，不只迅速改变着山区的自然面貌，也改变着山区人民的精神面貌。倘然我们仍以陈旧不堪好吃懒做的坏习惯、坏看法和坏作法束缚着我们那股排山倒海的劲头，使一些可以办、现在又能办的事情，推迟下来，很少人去做，甚至很少人去想，试问我们还会有推进社会主义建设的勇气吗？我们要在十五年后争取在钢铁和其他重要工业产品的产量方面赶上英国或超过英国，使我国成为一个具有现代工业、现代农业和现代科学文化的社会主义强国。这是一个光荣又伟大又艰巨的任务，现在已经走上社会主义发展道路的农业合作社社员们是我国6.4亿人所组成的社会主义建设大军中的一支最强大、最重要、最勤劳、最勇敢的方面军。我相信他们一定会争取在今后十年内实现“全国农业发展纲要（修正草案）四十条”规定的目标。已经达到纲要指标的，也不能算已经跑到最终点。伟大的共产主义事业是没有终点的。达到了指标是光荣的，提前达到了指标更是光荣的。可是，创造日益美好的新世界的长途中，这是新的起点。只在一个两个项目上达到了指标的，没有理由认为已经不需要拿出更大的力量来。“四十条”条条要实现，实现了“四十条”，还要发挥更大的积极性创造性，定出“五十条”、“八十条”、“一百条”来，攀登一个又一个长满着奇花异草的新高峰。这就是螺旋式的上升，许多先行者已经悬起了更高的目标，勇敢地、坚决地、踏实地走上了新的行程，我们应该紧紧地追赶上去。

我们认为合作社的公共积累应与国家的积累相结合。农业合作社所行的是集体所有制，它为了增加一些基本建设，就必须付出一定的劳力和资金，这些资金主要依靠农业社自己去解决，因此兴修小型水利是农业社自己的任务。国家企业所行的是全民所有制，它的利润是上缴给国家，作为积累列入国家预算收入的，国家增加基本建设（如兴修大型水利）所需要的投资，当然要由国家积累拨付。如果行集体所有制的农业合作社增加基本建设（如兴修小型水利）所需要的投资也要从国家积累拨付，显然非国家财力所能负担的，必须依靠农业社自己的力量去解决，国家当然要尽力予以必要的援助。这不仅是因为国家的财力有限，而且是因为以小型工程为主的农田水利，它本身就是一种群众性的建设事业，如果不依靠自己的力量去办，就不可能达到又多又快又好又省的目的。过去的经验证明，凡是依靠群众兴修的工程质量合格，花费时间短，国家花不了很多补助费。目前在全国大部分地区，群众性的水利建设高潮已经形成，但是在有些地区，还在伸手向国家要钱，他们看不见农民的力量由滴水汇成江河，各地干部和群众也取得了不少大兴水利的经验，只要我们善于领导，小型水利工程，甚至某些中型水利工程，是群众自己办得到的。

兴修水利包括三个方面：（1）防洪保堤；（2）除涝保收；（3）灌溉增产。以治淮来说，在最初两年，把主要力量放在“防洪保堤”上是完全必要的，这是治好淮河的一个重要步骤。但是仅仅“防洪保堤”是不能达到根治淮河的目的的，因为它不能解决内涝问题。我们治水不应该单纯着眼于保堤而应重视保收。堤虽然能够保证不破，如果内涝得不到一定程度的解决，则仍可使农业受到严重的损失，这就没有达到“保收”的基本目的。对于这种只重视大型工程防洪，忽视小型工程排涝的思想，经过几年来的思想斗争和现实的教训，已经基本上扭转过来。但是又可能发生另一种偏向，即重视排涝而忽视关键性的防洪工程，譬如淮委提出的大型控制工程，对于承受河南来的大量容水，是非常必需的，但阜阳某些干部就不同意这些措施，他们认为淹地太多了，不合算。其实不牺牲小块，就不能保证大块，这是很明显的道理。所以必须把排涝和防洪的工作很好地结合起来，换句话说，必须把农业合作社的公共积累和国家的积累很好地结合起来，才能进一步扩大保收的面积。

根据我国的自然条件，北方平原地带需要多打井，山区地形复杂，水利工程的形式就应该多种多样，南方的丘陵地带需要修水库，也需要挖塘、筑坝，等等。单靠少数的大中型工程，怎么能解决全部水利问题？况小型水利的特点是花钱少、收效快，每乡每社都可以兴修。五亿多农民同时动手兴修小型水利，其效果当然比集中兴修的少数大型水利工程快得多、大得多。因此群众性的小型水利工程，决不是少数大中型水利工程可以代替得了的。当然，大型水利工程技术性强，需钱多，费时长，群众自己难以举办，只好依靠国家。解放以来国家大量投资治理大江大河，许多中型工程各地也都在举办。正因为大中型工程需要依靠国家投资，所以只能由中央和地方根据必要和可能的条件，统一筹划，有重点有步骤地兴修。

我们在兴修小型水利中，十分重视培养典型，而后把典型的先进经验推广到别处。如山西大泉山的水土保持是一个典型，其余各地充分利用和推广了它的好经验。山西省雁北专区经过一年多的努力，已经出现了207个“大泉山”，1958年春季又可达到500个“大泉山”，这就是我们不在一个地方兜圈子，乃要把一个圈子愈推愈广。目前在党的领导下，各方面的力量已紧密地配合起来来支援水利建设。从中央到地方不论工业部门、商业部门、运输部门、宣传部门、财经部门以至于部队、学校都以巨大热情，给予大力支援。各地商业部门正在千方百计找寻货源，满足水利建设各项物资器材的需要。甘肃、江西等省的驻军也纷纷组织力量帮助农民兴修水利。这样农业的逐年增产是不成问题的。农业繁荣了，轻工业就有发展的潜力，一面满足人民的日常需要，一面为重工业积累资金，而重工业的产品如农业机械、化学肥料等的市场亦即在农村。这样农业、轻工业和重工业是三位一体，鼎足而立的，互相制约，互相推进，结果造成多种多样的本国产品的出口，换来多种多样的外国的生产资料和设备的进口，把生产圈子越推越广，把综合平衡水平越提越高，中国人民在文化和物质生活上攀登一个又一个的新高峰。

综合以上所述九个结合可以预测在第二个五年计划期内，我在第二篇平衡论中所讨论的各种对立物，一定可以在较高的水平上平衡起来，这就是进步，就是辩证的发展，就是螺旋式的团团转。

（二）从发展的观点谈哲学思想

这篇论文主要内容是属于经济方面的，但我的哲学思想也渗透在里面。我在第二篇平衡论中讲到宋明程朱一派哲学家所讲的“理”。他们所讲的“理”似乎是指自然规律而言，虽然他们的“理”也含有道德原则的意义在内。他们认为“理”可以离事物而独立存在，故说“理在事先”或“理在事外”，这是唯心的说法。我在两篇平衡论中所说的“理”如“综合平衡的理”，“按比例发展的理”，也是指自然规律而言，但是这个“理”不能离开事物而独立存在。“理”即在事物之中，离开了事物无所谓“理”，故说“理在事中”，这是唯物的说法，而且这个“理”是团团转的，因为宇宙中所有事物都有内在的联系，都不是孤立的。在第一篇平衡论的结尾中，我把团团转的意思说得很明白，在第二篇平衡论的结论中，我把“理在事中”的意思表达出来了。但在两篇平衡论中团团转的“理”无非在平面上转动而已，犹如孔子所说的“四时行焉，万物生焉”，年年如此，看不出有发展的意义。但实际上我们的经济是发展的，从低级发展到高级，从少到多，从穷到富。那么指导经济活动团团转的“理”可以断定它亦必从低的水平达到高的水平，它不是仅仅在平面上转动而已，乃是时时刻刻向上再向上地转动。所以它的转动必是螺旋式的。不但如此，程朱派似乎把道德原则也包括在“理”之中，则道德亦必由低级发展到高级，它的发展也必是螺旋式的。这个意思，我在“此书各篇论文内在联系的说明”一文的末段，说得很多，在这里，我只要补充几句。在十月革命胜利以后，当社会生活的各部门进行社会主义改造的时候，广大群众的思想变革就更进一步涉及道德、风俗、习惯、心理以及人生观等各个方面。例如，从前公众认为剥削是荣耀的，是使人羡慕的事情，现在公众则认为是卑鄙的，是令人可耻的事情。从前公众认为劳动是下贱的，令人可耻的事情，现在公众则认为是光荣的，是使人尊敬的事情。这说明了由于经济制度的根本变革，不能不引起人们道德的根本变革，而道德的根本变革也推动和促进了经济的根本变革。在社会主义社会里，在生活资料分配方面，还残留着不平等。社会主义社会的分配原则是各尽其能，按劳取酬，既然是按劳取酬，那就有不平等。劳动力强的，收入就多一些；劳动力弱的，收入就少一些。一个家庭人口多，劳动力少，每人收入就少一些；反之，人口少，劳动力多，每人收入就多一些。虽然在我们的社会主义社会里，对于收入太少的人有种种帮助和救济的办法，但是这种生活收入方面的不平等，还是会在一定程度上存在的。只有社会生产力有了很大的发展，到了共产主义社会，实行“各尽其能，各取所需”的原则，按照需要来分配生活资料，这些生活收入上的差别才会消灭。这说明了道德的原则，随着经济生产力的发展而发展，同经济生产力同一步骤地螺旋式地上升，从而可知道德原则亦在“事物之中”，决不能如程朱派所说在事物之先，或在事物之外。离开了事物，看不见道德。

以上只讲到道德。其实十月革命胜利以后，广大群众的思想变革不但涉及道德，而且更进一步涉及心理和人生观，广大群众看见了他们的光明前途和他们的奋斗目标。以我国山区人民为例，我国国土面积，据旧说法，是三山六海一分田，但实际上是八山一水一分田。开发占国土十分之八的山区，就是我国今后发展农业生产的一个主要方向，而蕴藏着丰富矿产的我国深山，更是我国发展工业的宝库。但有些人不了解山区，不相信山区有前途，不知道山区人民心理和人生观的改变，对山区建设缺乏信心，缺乏热情，所以很多人仍然不愿意到山区去。有人说山区苦，那就要看他怎样去理解。陕西商雒专区建设山区的模范乡商县龙王庙乡，七星农业社第三队的女社员们，在修梯田运动中，为了在一块半亩大的石滩上搬走所有的石头，她们大的抬、小的担、碎的拾，把手磨烂了，肩抬肿了，在平原上的人看来，这是一件苦事，但她们不这样看。她们加快速度，男队员炸石头赶不上她们搬运的时候，她们多么高兴。当她们为了完成任务付出了巨大的义务劳动的时候，她们多么骄傲。当她们看到那块石滩变成梯田，每亩收麦三百七八十斤，比周围麦地多收一百一二十斤的时候，她们真乐得心花怒放了。这说明了山区人民在新环境下的心理和人生观。

近一两年来山区人民的新人生观决定着他们的苦乐观。革命者的最大快乐，是为革命的理想而奋斗，是革命理想的实现。同自然界的斗争，像革命斗争一样能够使斗争者在种种困苦中求得人生最大的快乐，能够使他们在吃苦中尝到真正的甜。

山区真的苦吗？有些人喜欢拿山区同平原和城市来比较，这样来看山区苦。但是为什么不拿今天的山区和过去的山区来比呢？解放前，龙王庙乡的山区人民被地主恶霸“剥开肉皮抽干油，肥山变成瘦骨头”，人民过着“吃饭照影影，睡觉看星星”的劳苦生活。经过解放后，特别是最近短短两年的努力，辛勤的劳动结了丰硕的果实，贫瘠的山地变成水浇的梯田，缺粮乡变成余粮乡，人人有新衣，破草房绝了迹，暖水瓶、手电筒、胶鞋、自来水笔成了普遍的日用品，全乡每户的平均收入达到了当地富裕中农的水平。你说山区人民生活苦，他们说：只有从旧社会地狱里煎熬过的人才知道今天的好日子。这是山区人民看问题的方法。所以要了解山区人民新的心理和新的人生观，也得要从他们和自然界进行的斗争中看出来，离开了斗争，看不见新的人生观。

民间歌谣最能表达民间的新旧心理和新旧人生观。在下面我抄了两段民间歌谣以便读者对比一下：

1. 山里佬，真苦恼，火炉当棉袄，松明当灯照，苦菜吃到老。

2. 办社好，办社好，穿上新棉袄，山上百样草，样样变成宝。

以下让我来补充地谈一谈宋明程朱一派哲学家怎么会作出“理在事先”的错误结论来！

（三）宋明程朱派作出“理在事先”错误结论的根源

上面我们说过程朱派的说法是唯心的，我们的说法是唯物的，两者的区别如何产生的呢？这篇文章是本辩证唯物主义的理论写出来的。辩证唯物主义是与唯心主义和形而上学根本对立的世界观，它认为物质是第一性的，意识是第二性的，这就是一切意识形态都是客观存在的反映。世界及其规律是可以认识的，它认为世界是处于永恒运动着、变化着和发展着的状态，而这种发展的源泉和动力是内在矛盾对立的斗争与对立力量的相互作用。唯心主义哲学则恰相反，一切唯心主义者断言精神、意识是第一性的东西，而客观世界不过是精神、意识的体现。这样唯心主义就是从主观引向客观，以自己主观的想法去硬套在客观物质世界之上，这就不能不达到歪曲客观实际的结论。唯心主义哲学也是客观世界的反映，但是，是客观世界歪曲的反映，所以列宁主张把唯心主义作为片面的世界观来加以批判。原来人们的认识过程是非常复杂而又充满了矛盾的辩证过程。“从生动的直观到抽象的思维，从思维到实践——这就是认识真理，认识客观实在的辩证法道路。”① 认识是由实践产生的。人类的实践活动是有目的性的，不是单纯地适应环境，更重要的是要改变环境。这样就要求人能认识周围的环境，不仅要求认识其现象，还要求掌握其本质，认识事物发展的规律，否则人就无法进行有目的性地改变世界的实践活动。“通过实践而发现真理又通过实践而证实真理和发展真理。从感性认识而能动地发展到理性认识，又从理性认识而能动地指导革命实践，改造主观世界和客观世界。实践，认识，再实践，再认识，这种形式，循环往复以至无穷，而实践和认识之每一循环的内容，都比较地进到了高一级的程度。”② 这就是螺旋式的前进。

认识包含了感觉、知觉、表象（观念）、概念、判断和推理等形式。感觉、知觉、表象属于感性认识阶段，到概念以后，才进入了理性认识阶段。概念已不是对个别事物的表面的反映，而是对一般事物的本质的反映。任何事物都是个别和一般的统一，即个性和共性的统一。无论如何这个客观存在的物质世界是我们认识的唯一来源，由于它作用于我们的感官，我们就有了感觉，感觉就是客观世界在人脑中的映象，正如人的照片是人的映象一样。在具体的映象的基础上形成的抽象概念，也是现实的反映，不过它是现实的间接反映。不论是直接反映，或是间接反映，它

---

① 列宁：《黑格尔〈逻辑学〉一书摘要》，人民出版社 1954 年版，第 134 页。

② 《毛泽东选集》（第一卷），人民出版社 1952 年版，第 285 页。

都是以客观事物的存在为前提的。首先有人，才能有人的映象。人是个别和一般的统一，即个性和共性的统一。例如个别的人都有一定的性别（男性或女性）、一定的年龄、一定的面貌、一定的阶级性（在阶级社会中）等个别属性；但各个个别的人又都具有共同的属性，即能劳动、能说话、能思维等，这些共同的属性，就构成人的一般的概念。这就是一般和个别的密切联系的辩证的统一。概念和抽象思维（判断、推理）间接反映现实，所以它们离现实世界更远些；但概念和抽象思维又比感性和知觉更深刻地反映了现实，所以它们也离现实世界更近些。为什么说离现实世界更近些呢？因为人们认识事物的本质不能一下子达到完全的认识，所以在实践中首先接触到的是各个事物的片面，认识了各个事物之间的外部联系，就是认识了事物的现象，这是积累感性材料的过程。在实践中，感性材料愈积愈丰富，我们通过思考（概念、判断、推理）把这些丰富的感性材料加以去粗取精，去伪存真，由此及彼，由表及里的加工改造的工夫，就能使我们发现各个事物之间的内部联系，从而认识事物发展的规律、事物的本质。这样，认识就由感性阶段上升到理性阶段，达到了完全的认识。然后以之指导我们的实践活动，并在实践活动中再检验和修正补充我们的理论。

在认识的过程中，从一个阶段向另一个阶段推移也不是直线的，常常是经过无数次的反复的。列宁说得好，他说："人的认识并不是直线（也不是循着直线进行的），而是那无限地近似于一系列的圆形，近似于螺旋形的曲线。这曲线底任何一个断片、截片、小片，都可以转化（片面地转化）为独立的、完整的直线，而这一直线（如果只看见树木而不看见森林）就会导引到泥坑，导引到僧侣主义……”[①]

一般说来，在这个认识论问题上有一种非常错误的观点。这种观点是夸张人的认识的特殊性。这类哲学家看到人类认识当中有理性的因素，于是就把认识看成先天具有理性的作用，或是看作超自然的神所赐给的力量。这样就把认识从自然界中分离出来并且神秘化起来，结果就给宗教打开了道路。古希腊客观唯心主义的最大的代表柏拉图说：“有各式各样的人，你认为这个人美，另外一个人说这个人不美；在这个年龄这个人美，到另外一个年龄这个人又不美了。”因此他说：“物的感觉性是变化的、不固定的、暂时的，所以物的世界是虚幻的；美的理念是完美的、不变的、永恒的，所以只有‘理念的世界’才是真实存在的。”于是他认为“理念的世界”是万物的本源，是第一性的；物的世界是“理念的世界”所派生的，是“理念的世界”的阴影，是第二性的。他认为到处存在着理念。例如他认为具体的房屋、动物、植物等，都是房屋、动物、植物等概念的产物。由此可见，柏拉图不懂得反映事物的概念本身是要随事物的发展而变化的，所以“美”的理念也不是不变的、永恒的，他不懂得一般和个别的辩证法，他把概念僵化了，认为是永恒不变的，进而又把一般和个别割裂开，把概念和具体的事物割裂开，片面地夸大了概念的地位，使之变成了独立的主体，变成了万物的本源，从而堕入了唯心主义。柏拉图最后更认为高级的理念就是神，于是他的唯心主义又进入了宗教的殿堂。

我国宋明道学在开始说“理”的时候，是想以唯物主义的武器来拒绝佛学的唯心主义思想。张载认为物是“气之聚”，他

---

① 列宁：《黑格尔〈逻辑学〉一书摘要》，人民出版社1952年版，第219页。

的思想是唯物主义的。但世界的万物若都是“气之聚”，何以各个不同？对此张载未作解答，但程朱一派给了一个解答。他们认为万物固是“气之聚”，但仅仅气尚不足以说明万物何以各个不同，所以他们认为于气之外还有个“理”，理是主，气是从，这个“理”与辩证唯物论中的规律相仿佛，按照这一种规律而聚的是这一种东西，按照那种规律而聚的是那一种东西，这样他们解答了张载所没有解答的问题。程朱一派也是反对佛教的，他们也认为客观世界是独立存在的，客观世界的规律，也是客观存在的。至此为止，他们的思想是唯物主义的。但他们认为他们所谓的“理”是可以先于具体的事物而存在，所以说“理在事先”。这样他们离开了唯物主义的领域，走向唯心主义了。他们犯了与柏拉图同样的错误，把一般和个别割裂开，把概念和具体的事物割裂开，片面地夸大了概念的地位，使之变成了万物的本源。他们不懂得理与事物的关系是一般与个别的关系，也就是规律与事物的关系。我们认为理是一般，是一类事物的规律和本质，事物是这一类中的个别事物；一般（规律和本质）存在于个别事物之中，决不能离个别事物而独立存在，只能说“理在事中”，不能说“理在事先”或“理在事外”。

程朱派哲学，还是属于客观唯心主义的，至于主观唯心主义则其理论不仅是错误的而且是荒谬绝伦的。他们把世界了解为精神的表现，他们所知道的物质就是他们对颜色、形状、大小以及硬度等的感觉，把世界上一切现象都归结为感觉的表现，所以教师向学生讲学，只是向“感觉”讲学，士兵与敌人作战只是与感觉作战。他们认为世界上各式各样、五花八门的东西和现象都是神创造神安排的，一切都服从神的意旨，人是无能为力的。这也是一种世界观，但这种世界观只能为剥削阶级服务，它要劳动人民毫无怨言地忍受被剥削的贫困生活，把这说成是神的安排，说成是命定的，人力无法改变。因此剥削阶级常把世界说成是一成不变的，所谓“天不变，道亦不变”，这是企图使人民认为剥削制度是天经地义，不可更变的。它欺骗人民说任何旨在推翻剥削制度的革命都是不可能成功的。中苏两国的社会主义革命彻底地推翻了这种胡说。

九、这个新面貌将很明显地反映在对外贸易上

第八节所说的社会主义建设的新面貌，必使我国的工业化大大地加速，使我国工业品出口的比例逐步上升，使农副产品出口的比例逐步下落，其结果将很明显地反映在对外贸易上，因为对外贸易最能反映国家的经济情况。我这样的判断，不是没有历史根据的。1860 年清廷被英法帝国主义的联军打败，被迫签订北京条约，把天津辟为商港。从那时起，外国商船一艘艘地开到天津来，外国银行、贸易行、轮船公司、代理行、油库、仓栈以及商品检验公司等相继设立起来了，他们贪婪地吸吮中国人民的血液膏脂。据天津海关保有的从 1861 年开关到 1948 年解放前夕为止的全部历史年册记载，这 88 年间，各个帝国主义国家通过天津港从中国农村掠夺去的棉、麻、花生、羊毛、猪鬃、皮张、蛋品、煤炭、食盐、花边、地毯等珍贵的农畜、矿产品和手工艺品达 6 万多船。如果把这么多船只首尾相连地排起来，可以从天津一直排到香港。帝国主义国家从我国掠夺去的大量价格极为低廉的原料，加工后再运来我国销售，大获其利，再加上大批毒物——鸦片的输入，使天津港的对外贸易形成连年入超。88 年间入超总数达 12 亿多美元，大量的走私尚未计入。这 88 年间中国

沦为殖民地的经济状况完全反映在天津海关的全部历史年册上。这88年大致可分为两个时期，第一个时期从1861年到1920年满清政府、北洋军阀和各帝国主义统治时期。这60年所有海关年册的进口货表上，最前面的第一栏总是鸦片。第二个时期从1921年到1948年，主要是蒋介石、汪精卫和日美帝国主义统治时期，在这时期内鸦片以走私方式进口，公开进口的主要商品是各种各样的消费品和奢侈品。这种殖民地的经济情况在天津解放后的第一年——1949年就根本改变了。自1949年革命胜利以来，是人民当家做主的时期，各种各样的生产资料、建设物资占了最主要的地位。为了优先发展重工业，进口了为钢铁工业、机器制造业、电机工业、石油工业、煤炭工业、基本化学工业等所必需的成套设备。这些东西对我们工业生产能力的发展起了很大的作用。这也反映在天津市对外贸易局进口商品分类表上。

此外我国的对外贸易不但能反映我国的经济面貌和生产状况，且能反映群众的意见。群众说肉不够吃，为什么不少出口一些呢？政府就接受群众的意见，把出口的猪肉和生猪比去年减少，从16万吨减到5万吨；群众说油不够吃，就把油的出口量从32万吨减到22万吨，现在看来，恐22万吨还出口不了。为照顾到人民当前的生活需要，把几种主要物资的出口数量压下去。如粮食比去年减少了54万吨（我们因橡胶不够用向锡兰以大米换橡胶），棉纱减少了12 000多件，这就大大地影响了外汇，削弱了外棉进口的可能性。但我们这几年来在工业生产上有了进步。我国是农业国，过去的出口，以农业方面的产品为主，工业方面的少些。这几年努力的结果，工业产品和矿产品开始多起来了，慢慢地上升到50%以上，农业产品就慢慢降落到50%以下，这于外汇有利。仅以上海工业品的出口发展情况来说，

1956年仅仅中国杂品出口公司上海分公司一家，经营出口的工业品，其外汇总值可以换回100万吨以上的钢材。对资本主义市场出口部分，1956年大约是1954年出口实绩的12倍。如果以整个上海口岸的出口来说，去年工业品的出口要占上海出口总值的50%，这些工业品行销到53个国家和地区，遍及世界的五大洲。这个情况反映什么问题呢？（1）它说明是由于我国国民经济的迅速高涨，反应到对外贸易上的也是工业品出口迅速地扩大与发展。（2）它说明了我国工业生产在国民经济中的比重不断地增长，反映出我国出口商品起了很大的变化。那就是我国传统以农副产品出口为主的，现在工业品已逐渐成为出口的主要商品了。以棉布为例，1956年出口的数量虽约为历史上出口最高年的8倍，但仅占全国内销量的5%左右。我们还增加了许多新的出口商品。许多过去依靠进口的机器如起重机、各种医疗器械、电影放映机等，现在均已能够供应出口了。去年我国还供应了缅甸两万纱锭的纺织工厂成套设备。仅1956年出口的手工艺品就换回约一亿卢布。可见工业品出口的潜力还是很大的。这些难道是人们在帝国主义、官僚资本主义、封建主义的反动统治时期所能梦想得到的吗？难道不是社会主义建设事业突飞猛进的标志之一吗？所以尽管美帝国主义从1950年以来就对我国实行所谓封锁禁运，丝毫不能阻止我们对外贸易的发展。

另外我们还设法增加了于人民生活影响不大的水产品、手工业品、小土产特产品和矿产品的出口。增加矿产品出口的比重，可以缩小农产品的出口比重。但所有出口的矿产品，都要尽可能地在国内经过加工，再行出口，以充分发展我国的生产能力。

随着第八节所说的社会主义建设的新面貌，我国工业化的进程必然加速，我国工业品的出口比重，更会逐渐增加，其理由很简单，列之如下：

在原材料工业的采掘和加工方面我们把全国力量集中起来来发展我国的工业和农业：（1）大型企业与中小型企业相结合。（2）国家开采和群众开采相结合。（3）中央部管企业和地方企业相结合。（4）新企业同老企业相结合。（5）最新技术同一般技术相结合。（6）机械化、半机械化同手工操作相结合。（7）提倡有关的手工业生产合作社同农业生产合作社（作为副业）相结合来开小煤矿、小铁矿、小有色金属矿、小非金属矿、小盐场或小碱场等以充分发挥我国人力资源充足的条件来发展我国的资源。（8）贯彻执行工业发展和农业发展同时并举的方针，提高农林水利投资的比重，增加能促进农业生产的工业的投资（如化学肥料）以加速农业的发展。各级党和政府的农业、林业、水利、畜牧等部门都要安排自己的工作；来彻底实现农业发展纲要。机械制造部门、化学肥料部门、商业供销部门、银行信贷部门、医药卫生部门、气象部门和农业科学研究部门都要想一想怎样为发展农业出一份力量。怎样把农民的劲头发动起来让他们看到光明的前途，看到增产的潜力，看到各种有利的因素。（9）在第二个五年计划期间要把防洪、排涝、灌溉、水土保持等工作结合起来，决不孤立进行。（10）整风运动及反右派斗争同增产节约运动也是完全可以结合起来的。整风运动是反对官僚主义、主观主义和宗派主义的，这不但不会影响增产节约运动，而且对它有莫大的推动作用。（11）机械化开采与手工业开采相结合。（12）合作社的公共积累与国家的积累相结合。有以上所述 12 个力量的结合，还怕增产不会向前大大地推进吗？还怕我国的丰富资源不被利用吗？况过去几年在工业化方面我们已打下了很好的基础。预计到 1957 年底为止，我国限额以上的厂矿建设单位将达 825 个，其中属于中央各部管理的有 700 个，属于地方管理的有 125 个；竣工的单位将达 448 个，其中属于中央各部管理的有 377 个，属于地方管理的有 71 个。大家知道在第一个五年计划期间，限额以下的厂矿建设单位还有 2 300 个左右，其中属于地方管理的有 1 400 个左右。这些建设单位绝大多数都已竣工投入生产。因此预计中央所管理的工业企业产值，1957 年将比 1952 年增长 1.7 倍，地方所管理的工业企业的产值将增加 2.24 倍。可见我国工业建设的成就是非常巨大的，并且也是人所共见的。在这样一个工业化基础之上，再在第二个五年计划期间，加上以上所述的 12 种结合的力量，还有不能大步推进的道理吗？所以我说第八节所说的社会主义建设的新面貌，将很明显地反映在对外贸易上，把我国一向以农副产品出口的局面改变为工业品出口的局面，而这个改变将使我国的国际地位在各个方面都益加提高和巩固。以中苏两国贸易为例，两国贸易是在双方国民经济不断高涨的基础上有计划地巩固地发展，而且没有像资本主义世界市场那些由于经济危机、投机等因素而产生的价格暴涨暴落的现象。这就有利于社会主义建设的大步推进。

第八节所说的新面貌，主要反映在两个方面。

（一）一方面向来的入超将永远变为出超或出入平衡

过去我国是一个殖民地半殖民地的国家，外国银行、贸易行、轮船代理行、油库、仓栈以及各种工厂都相继设立起来，他们贪婪地吸吮中国人民的血液脂膏。各个帝国主义国家通过十多个商埠从我国农村掠夺去的棉、麻、丝、茶、花生、羊毛、猪鬃、皮张、蛋品、桐油、大豆、煤炭、食盐、花边、地毯以及铁砂等农畜产品、矿产品和手工艺品，不知凡几。它们以极其低廉的价格所掠夺去的原料，经过加工后再运来我国以高价售给我国人民，再加上大批毒物——鸦片的输入，使我国的对外贸易形成连年入超。况在不平等条约之下，海关大权操于外人之手，外货进口一律行值百抽五之税，我国过去的政府无权单独提高海关进口税阻止它们进来，而在华外人需用的许多奢侈品如香水、首饰、皮鞋、雪茄、香烟等还一律免税。这种情况使入超形势益加严重。总起来说，出口的是低价，收进的钱少；进口的是高价，付出的钱多，当然形成入超，故百多年来中国几乎无年不居于入超地位，吃大亏者是老百姓，获大利者是洋商与买办。这种情况直到 1949 年全国解放后才根本改变。现在对外贸易逆势已转到顺势，我们要问怎样转过来的？过去，我国同资本主义国家进行贸易，进出口商品的价格是按照资本主义国际市场价格计算的。中华人民共和国成立以后，我们实行把国内外价格分开的办法，所以进口和出口商品的国外价格按外汇比率折合成人民币以后，同国内价格比较，一般的都有一定的差额，表现为出口有亏损，进口有盈余。但是我们在国内收购的农副产品和工业品，则是按照国内价格购买的，所以农民和工业生产单位并没有负担出口的亏损。进口商品中有的按照代理进口的办法，按进口成本加百分之二三手续费拨交订货部门，有的按照对外贸易部同商业部协议价格拨交商业部门。进出口商品的国内外价格差额是由国家统盘核算的，用进口商品的国内外价格差额（盈余）抵补出口商品的国内外价格的差额（亏损），所以两不吃亏，把入超消灭了。在旧中国时代吃亏者为中国农民，赚钱者为洋商和买办，因进口商品有钱可赚，所以进货踊跃年年有入超，因为农民被迫以低于实际价值的价格，向外国商人或其代理人出售自己的产品，所以一年穷一年。

我国组织各种物资的出口，一方面促进了这些物资生产的发展，一方面解决国家外汇来源，外汇就是以进出口相抵后剩余下来的数目。就这个意义讲，我们已由入超国转变为出超国或出入平衡（第一个五年计划期间输出同输入是平衡的）。我们主张发展各国间的平衡贸易，因为只有彼此进出口平衡，才能避免一方支付的困难，才能使贸易得到正常的发展，并使其得到巩固。中国与资本主义国家的贸易都是按照平等互利的原则进行的。这表现在各方面：由于贸易是按以货易货的方式来进行，就免除了双方支付的困难，特别是资本主义各国在和美国或他们之间进行贸易时所遭遇到的因“美元缺少”所引起的不可免的和严重的支付困难。交换的商品都是为双方所需要的，而不是一方向另一方倾销商品。价格是公平合理的，而非不等价交换，因此，这种贸易的进行就有助于参与贸易国家经济的发展和人民生活状况的改善。我们要以出口商品与外国交换我们自己不能造的机器和自己没有的原材料（如优级钢材）及科学仪器和图书杂志。今后由于我国工农业生产的发展，出口商品的品种和数量一定加速地增加。我们发展原材料工业的主要目的在于：一方面满足我国建设发展的需要，另一方面增加出口的需要，应该积极地提高矿产品和机械工业产品出口的比重。在矿产方面主要是增加煤炭、生铁、食盐、有色金属和非金属产品的生产，各部门应采取有效措施，在数量上和品种规格上满足出口的要求。但所有出口的矿产品，都应尽可能在国内经过加工再行出口借以获得相当数量的出口外汇。对外贸易部门还要根据国内机械工业生产的可能，积极地组织出口，扩大国外市场。要大力增加次要商品出口的比重。在这方面各地方的潜力是很大的，特别是对于一些有出口传统的零星分散的物资，各地应该大力组织生产、收购和出口，逐步地降低农产品和农产加工品出口的比重，以满足国内人民的需要。但大豆是我国传统的大宗出口商品，抗日战争前每年出口约200万吨，1929年出口数量曾达到250万吨，现在每年只出口100万吨左右。为了换回进口所需外汇，在目前仍然维持适当数量的大豆出口是有必要的。在进口方面因为我们要实行保护政策，要尽可能地减少需要不大的或自己能制造的物资的进口。在这里有谈谈保护政策之必要，因为第八节所讲的新面貌，也反映在保护政策方面。

（二）保护政策

旧中国时代在不平等条约重重压迫之下，关税不自主，我国不能单独提高进口税率来阻挠外货的进口，来保护我国的幼稚工业。况外国资本家可以在国内自由设厂，我国民族资本家无法与之竞争，要保护亦无从保护。今日情形不同了，不但外国资本家不能在中国国内自由设厂，而且我们要尽量压缩机器设备的进口。凡是国内可以生产的机器设备，就是质量比进口的低或价格比进口的高，也应该不进口或少进口，而由国内生产供应。若从外国进口质量比我国好的、价格比我国低的机器设备，我们的幼稚工业就会被它压倒，怎么还会生长起来呢？所以我们要用保护政策来保护它们，使它们生长起来。俟它们生长起来后，它们的质量可能比外国的好，成本可能比外国的低，但第一步一定要予它们以生长的机会，故有保护必要。此外我们一定要从苏联和其他兄弟国家进口国内暂时还不能生产和生产不敷应用的各种机械设备，如我国第一座制造合成纤维（即尼龙）的工厂，已在

1957年8月25日在北京动土兴建，这个工厂的机械设备是德意志民主共和国供给的，工厂也是他帮助设计的。这样我们可以集中力量来发展精密的东西。凡是社会上暂时不需要的产品应尽量压缩生产，凡是社会上需要的产品，应积极生产，并且努力进行新种类产品的试制和生产，以争取在第二个五年计划期间所需要的机械设备绝大部分由国内自行解决。

有些全国人民代表大会的代表提到进口商品在国内市场的销售价格是不是过高的问题，由于我们进口所需外汇主要是用出口物资换来的。如上述按照现行汇率，对资本主义国家出口一般都有亏损，因此在确定进口商品国内市场价格时，除了计算税收和经营费用以外，还应当平衡出口方面的亏损。更重要的是进口商品在国内的售价必须适当地照顾国内同样商品的生产成本，以保护国内的生产。因此，目前进口商品在国内的售价高于进口成本是合理的。当然有些进口商品的国内售价确实是偏高些，有关部门正在注意研究并加以适当调整。

但高价不尽是为执行保护政策。我们在第六节末已说过价格问题是一个很复杂的问题，除保护因素外，还有奢侈品、交通运输等因素都应考虑在内。手表之所以卖得贵，原因固然很多，然有些买者有显富之意，也是其中的原因之一。好多人对于贱价的表反而看不起，以为表总是愈贵愈好，故把表价提高迎合他们的心理亦是合理的。在人大常委会讨论的时候，好几位委员对表价提得太高不以为然，我则执反对意见，我以为买表者，一般说购买力比较高，有些买表者又有虚荣心，因此，国家可以向他们多提取一些积累，横竖这部分积累是用来进行社会主义建设。

此外物价之所以高因受长途运输的影响。举一个例，根据四川省的检查，在1952年到1954年中央所管理的大型煤矿，在好些地区不适当地挤掉了很大数量的地方小煤窑。仅四川江津一个专区，即从解放前1 000多个减为96个，以致在1956年煤炭供应不足时，又给地方带来很大的困难。在食盐生产的安排上，对小盐井也不适当地采取了“裁废”的办法。从1952年以来，裁废了15个小盐井，和半废了8个小盐井，一方面国家拨付了约22 000余名职工的转业费，另一方面在自流井投资400万元进行大盐井的扩建，并以平炉盐代替群众所欢迎的巴盐和大化盐，这样以新挤旧，以大型挤小型，以中央挤地方，把生产集中起来，结果造成长途运输、提高售价以及群众不乐于购买等不合理现象，因而库存积压达200万担，还需要新建仓库保存。这样的“裁废”在资本主义国家是理所当然的事，垄断资本家的势力是这样形成的。但在社会主义国家这种无计划的以大挤小、以新挤旧的作法是不应有的事，理应设法纠正。这就是我们要建立十二个结合的大原因。此后新旧结合、大小结合、中央与地方结合，不致再有这样的现象发生。但问题不止于此。大盐井把小盐井挤掉了。要转业的22 000多职工虽得到了转业费，但好多人对新业不感兴趣，不愿接受，这是不是算失业？值得研究。

十、失业问题：甘愿失业、不甘愿失业和救济问题

与以上22 000多职工性质相同的还有一批为数不少的失业和无业人员，他们也有要求过高的倾向，他们向劳动机关要求只在本地不去外地，只愿做固定工作不愿做临时工作，只愿从事脑力劳动不愿从事体力劳动，只愿做轻活不愿做重活，只愿做干净活不愿做脏活，只愿做待遇高的工作不愿做待遇较低的工作。有的人百般挑剔，长期无法分配他的工作。北京市甚至有人被分配

过 13 次之多仍不接受工作。显然这种情况是从多方面解决劳动失业问题的重大障碍。虽然公民应该享受劳动的权利，政府也有责任安置失业无业人员就业，但每个失业无业人员更有责任接受政府的分配，协助国家解决失业问题。要知道在社会主义制度下。只有分工的不同，各种劳动都是光荣的，都受到尊重，没有高低贵贱的区别。我们国家的建设事业是多方面的，有些人可以在本城本市就业，有些人需要到外地就业，有些需作工人，有些需作农民，有些人需从事文教卫生工作。只讲个人主义不讲集体主义。是和社会主义国家的公民品德不相符的。因此我们应该向群众讲清楚，凡被政府分配过工作而自己不愿接受的人，不能当失业人员看待，只能当作甘愿失业者，而甘愿失业者不是真正的失业者。这样失业问题不知要简化多少倍。此其一。

此外还有人说："叫技工做壮工活是浪费"，这要看实际情况而定，不能一概而论。若是放着技工活不让技工做，反让他去做壮工活，这显然是浪费，应该批评。若是一时没有技工活只有壮工活，而技工闲着，暂时调技工去做壮工活，这是合理的，有什么可批评的呢？比如在基本建设工程方面，有时技工活多，如兴修铁道时遇到高山，要筑隧道，需要大批技工（开山工），遇到河流要架桥梁，需要大批技工（机械工）。但一旦隧道筑好了，桥梁架起了，铁路在平地上施工，土石方工程增多，又需要大批的壮工。在这个时候开山工、机械工又没有技工活可做，但工程上却很需要壮工的时候，调一些无活可做的技工去做壮工活，非但不是浪费，而且是完全合理的。若是让技工闲着，另外再去雇壮工，那倒是真正的浪费了。可是在技工方面有两种感想：(1) 以技工做壮工活是"大材小用"，"有骨气"的人情愿不干。这完全是思想问题。我们在上面已说过，在社会主义制度下各种劳动都是光荣的，无高低贵贱的区别，何来“大材小用”，凡是国家需要的都是大用，都受到尊重。北京市决定抽调三万干部到工厂、车间、商店、农场、农业生产合作社、手工业合作社去，将要较长期地参加生产和基层工作，使大家在劳动中受到锻炼。如果按照有些技工的说法，不是更要变成“大材小用”了吗？（2）技工的另一个感想是壮工工资比技工工资低，特别是技工刚调去做壮工活，操作不熟练，常常达不到定额，担心收入降低。这倒是一个值得领导上考虑的问题，总不要使技工收入降低而开小差。但这个问题是内部调整问题，似不必当就业问题来处理。此其二。

目前劳动部门登记要求就业的，有一部分人实际上并不是失业人员，其中一种人是根本没有就业条件的。据上海市去年12月的调查，身体残废和年老体弱已经丧失劳动能力的占16.9%。对于没有劳动能力而又无生活来源的人，不是就业问题，而是救济问题，似应由当地民政部门进行救济。此其三。

此外劳动部门登记就业的，有一部分是从事主要家务劳动的妇女，她们要带孩子、做饭，有的还喂猪、喂鸡鸭，生活的计划与粮食的进出都要经过她们的手，因此在节约粮食方面她们负有特别重要的责任，她们节约得好，粮食就大可节约，应该动员她们勤俭持家，节约粮食，并教养好子女，把家务管好生活过好，以使自己的亲人安心工作，不必自己另找工作。此其四。

现在有一些高中毕业生把升学当作唯一的出路。他们报考高等学校未被录取，即使愿就业也是挑剔得很厉害。他们表示愿意去工矿、企业、机关，不愿去农村。他们以为有物理、化学，三角、几何、生物等科学知识，如果派到农村去岂不是“大材小用”了吗？他们不了解今天需人的地方是农村，而在工矿企业等没有进一步发展以前人员并不缺少，我们要发展农业生产，必须要搞好农业合作社的管理工作，并逐步地进行农业技术改革。农业技术改革不是一件容易的事，例如改良土壤、合理施肥、改良品种、改良生产工具、防治病虫害等，都需要丰富的科学知识，高中毕业生初步掌握了物理、化学、三角、几何、生物等基本知识，下乡后，一边实践一边继续学习，将来就可成为农业战线上的水稻专家、棉花专家或养猪专家，他们的前途是无限的。只要向他们讲清楚，他们有理智，一定能够服从分配。此其五。

其具有劳动条件又无职业的人，就是不甘愿失业的人，才能够算作真正的失业人员，对他们劳动部门应迅速予以介绍并给予适当照顾。此其六。

由此观之，由于失业人员登记不够切实，分析不够清楚，便造成了我国失业人员过多的假现象。真正的失业人员，决不致如一般人想象中那样多，故各地对失业登记人员作一次清理是十分必要的。

我国人口多耕地少经济落后，自 1958 年开始我们要建立十二个大结合，目的在加速发展工业和农业，并扩大就业面，因此一面控制人口，一面加速发展工农业，就业问题的解决不过是一个时间问题。况我国的失业问题不是完全依靠政府来解决，我国的社会人士可以借出资金，借出物资，或帮助修理，或给以技术帮助，尽量使失业的人从事某一项劳动，或利用晚上时间帮助失业人员组织生产合作社，这样就能帮助他们解决自己的生活出路问题。比如重庆市在 1957 年第一季度安置的 17 600 人中，由国家介绍就业的不到千分之四，其余都是在各方面的热心人士帮助下获得出路的。

我们在这里把失业分为甘愿失业与不甘愿失业，好像与凯恩斯在他的就业理论中的分析相同。我在这里要郑重地声明一句，我的分析与凯恩斯的分析词同而性质不同，兹在下节说明之。

十一、凯恩斯从“营救资本主义”观点出发写出一般理论

我们讲理论是从发展的观点出发，凡我们所谈到的地方，都富有生命力，处处使人民看见光明的前途，知道了奋斗的目标。而凯恩斯则反是，他是从“营救资本主义”的观点出发的，他为营救资本主义而开出的方子，真如医生临床治疗时开出的方子一样，到处呈现着阴暗的光景，读者阅了第八节之后所得到的感想，以比阅了第十一节和第十一节以后各节所得到的感想，不能不觉得两种理论的差别。一种是生气勃勃，因为它所描述的社会制度正在生长，一种是死气沉沉，因为它所描述的社会制度正在衰落。以下让我来谈谈凯恩斯的一般理论。

凯恩斯对失业的分析与我的分析词同而含义不同，原因如下：

英国古典派以充分就业为立论的基础，据舍伊氏（Say）的说法，供求自趋于平衡。比如甲乙两人，甲产布乙产米，甲的供就是布，乙的供就是米，甲以布供乙，乙以米供甲，无异甲以布换乙的米，乙以米换甲的布，故两方之供求必趋于平衡，决无失业之理。所以古典派的学说即假定充分就业为前提。新古典派的领袖马夏尔氏（Prof. Marshall）对于古典派的学说有所修正，故世人称他的学派为新古典派，然在若干方面仍继承古典派的余绪，充分就业之说，就是其中之一。不料马夏尔氏的门生凯恩斯异军突起，对于古典派充分就业的假定猛予攻击，不遗余力，以

为资本主义国家的经济以不充分就业为常态，以充分就业为例外，供求两方势力未必常能相等，因社会上不甘愿失业者几乎是无时不存在的。因此，他要解决的是不甘愿失业的问题。一旦把不甘愿失业的问题解决了，充分就业就达到了，至于甘愿失业则咎由自取，不在他的讨论范围之内。凯恩斯的名著《就业、利息和货币的一般理论》于 1936 年出版。在这本书中他所注意的是不甘愿的失业，因为在他在世的时候，不甘愿失业的人太多的缘故。为什么有这许多不甘愿失业的人？他分析了产生的原因，提供了他的意见，在这里我们只能约略地说一说。

第一，他以为投资应等于储蓄，但两者不易相等，所以在生产上出了毛病，人民之所得来自生产（先是实物所得），能生产实物才有所得。所谓生产，在资本主义国家是由于劳力、资本、土地与企业四种要素合作而成，结果得到实物。若以此结果直接分配于参加生产的四种人，即成此四种人之实物收入。此项实物一部分供消费，一部分供投资。例如农民生产粮食，除供今年度食用外，酌留一部分作明年的种子（投资）。惟实际上的分配，常借货币为媒介，参加生产者之所得为货币，所得之处理不外两端：（1）支用，（2）储蓄。支用是为消费，储蓄是为投资，如图 1 所示：

图 1　实物所得

图 2　货币所得

图2之货币所得，就等于图1之实物所得。假定参加生产者支用货币所得五分之四以购买实物，则他们的货币所得减少了五分之四，社会的实物亦比例地消费了五分之四。不过就货币言，称之为支用（Expenditure），就实物言，称之为消费（Consumption），两者在表面上是两桩事，实则一也。其余的五分之一的货币所得作为储蓄（我们谓之积累），则投资者所投之资也必使之等于这个所储蓄之货币——五分之一。换言之，实物上的五分之一要使之等于货币上的五分之一。如投资少于五分之一，则剩余下来的实物等于废物，陷于生产过剩，成货弃于地的状态，物价必跌，从事生产实物之企业家不免亏本，以致引起工厂减少产量，歇业或倒闭，则工人之不甘愿失业者更多，故问题的关键在使投资等于储蓄。但在资本主义生产高度发达的国家，欲使投资等于储蓄，不是一件容易的事。因为投资者与储蓄者是两个人，不是一个人，他们的心理未必是一致的。投资为经济活动的推动力，但在资本主义的社会因为投资者与储蓄者不是同一个人，储蓄者未必能投资，即未必能经营企业，而投资者或能经营企业者未必有储蓄，即有也或不足，且两人之目的并不一致。储蓄者的目的，在固定的利息，在养老育幼，投资者的目的在利润。储蓄者只要得到利息，对于投资者有无利润可得，不甚关心。投资者（即企业家）自己的储蓄如不足够，势必设法募资，即利用储蓄者的储蓄。

第二，但在资本主义国家生产的主动权操在投资者（资本家）之手，投资者愿不愿投资，要看（1）利润的高低，（2）资本的边际效能如何以为断。凯恩斯原著第十一章专讲资本的边际效能。何谓资本的边际效能？比如美国的铁路建设是归私人承担，至今日止，可谓铁路网已布满全国，若再兴建铁路，要看铁路完成之后有无获利的希望以为断。因为兴筑铁路，非期以三五年之岁月不为功，届时幸而有利可获固好，不幸而无利可获，甚至亏折，则所投资金尽成浪费。此种投资成效之大小，称为资本的边际效能。投资越向前推进，资本的边际效能当然越小。因此企业家在铁路兴建上愿否投资，要看投资于铁路的资本的边际效能大小而定。他可以发行债券，筹集资本，其利率如低于预期的边际效能尚属合算，否则不合算。美国的凯恩斯学派，甚至说美国的经济发展已达饱和点，投资的门路已绝，足见资本的边际效能很低，凡比较有利的事业皆已投资殆尽，故欲推进投资，必须另有办法。

第三，除上述的利率和资本的边际效能两个因素之外，还有一个重要的因素，叫做边际消费倾向。大凡参加生产者之所得愈多，其消费率将愈小。月得百元者用去八十元，储蓄二十元（省两成）；月得千元者未必用去八百元，或只用去七百元，储蓄三百元（省三成），月得万元者或只用去六千元，储蓄四千元（省四成）。因此可以得出一个结论，即所得愈多，支用之数虽仍增加，而其对所得额的比例则有减少的倾向。换言之，支用之绝对数虽与所得同方向地增加，而其相对数则逐步减少。此种趋势，凯恩斯称之为边际消费倾向。故所得多者，消费倾向降低，储蓄数额则比例的上升。结果社会愈富，消费有相对地减少之趋势，储蓄有相对增加之趋势，愈使储蓄与投资不易接近。不过我们应该注意的是，以上所述颇合乎资本家的情况，对于劳动者的所得未必恰当，因为劳动者的所得中，在失业严重的时候，用去的成分必然很高，储蓄的成分必然很低，甚至等于零，不能与资本家相提并论。假定全国的消费倾向为二分之一（即用一半省一半），则资本家的消费小于一半，劳动者的消费大于一半。

1929—1933年世界经济大恐慌的前夕，美国富家收入太多，有钱没处用，消费倾向一定很低，所储蓄的钱，如何投资，确成问题。

第四，先把技术水平提高（即边际效能提高）。资本之边际效能低，势必将利率降低（实行通货膨胀政策）方可促进投资，且必须使利率降至边际效能之下，方有利可图。如投资的边际效能与利率相等，投资即不能推进，此为投资的关口，凯恩斯称之为瓶口（Bottle neck）（一般理论300—301页），犹水已装满至瓶口，无法再加。故欲推进投资，只有两种办法，非将技术水准提高（边际效能提高），即将利率降低，俾投资勇于推进。但发明了效能高的新机器而需把效能低的旧机器撤换，技术水准固提高了，然资本家遭受的损失亦不可轻视，他们是否愿意以新换旧，却成问题。斯大林说得好："当新技术向资本主义预示着最大利润的时候，资本主义就拥护新技术。当新技术不再预示着最大利润的时候，资本主义就反对新技术，主张转而采用手工劳动。"① 新技术既不采用，技术水准就无法提高。

在我国情形完全不同。我国的生产发展赶不上人民日益增长的物质和文化的需要，这在今后一个长时期内仍然是不可避免的现象。我们的国家底子很穷，需要举办的事情很多，应动员一切积极因素来促进社会主义建设，远远谈不到什么投资的饱和点，更不必考虑投资的边际效能太低。我们在以后几个五年计划期内，必须把一部分主要力量（人力、财力、物力）用到各地中小型生产建设上面去。我们只怕积累不够，不患有资无处可投。我们有的是丰富的人力，如何利用这个丰富的资源，成了今日的

① 《苏联社会主义经济问题》，人民出版社1953年版，第35页。

急迫问题。正如毛主席所说："我国人多是好事，当然也有困难"。因此我们的问题是一面节制生育，一面把工业生产的面铺开，在各地开辟中小型工业，以便利用丰富的人力来为国家创造财富。这样就可以充分照顾到人口众多带给我们的困难。四川省今年新建了大批中小型厂矿，并且已经陆续投入生产，预计到1957年年底，全省将有1 300多个小煤窑，能生产煤40多万吨。另外，组织群众小型开采的黄金、铜、石棉、云母等有色金属和非金属的总产值，将达1 600多万元。这样，四川省贯彻了大、中、小型企业相结合的方针，与我的第二篇平衡论中所说的"大型与中小型企业的平衡"的道理相符合。四川省怎么能够做到这一点呢？就是从省属工业基本建设的投资中，调出将近三分之一的款项，用来发展中小型原材料工业。又如广西省是我国主要产金省份之一。最近经过普遍调查，证明黄金资源丰富，而且品质高，矿藏分布在三四十个县。1958年广西省将开采六七万两黄金，比去年全省黄金产量增长近三倍半。这些具体例子，都足以说明我国资金虽尚缺少而劳力很丰富，正可大大地利用这个资源来为国家创造物质财富；迨这资源尽量利用之后，方可逐渐提高有机构成的成分，故此时尚谈不到"投资达到饱和点"的问题。

以上所讲的是关于厂矿，至于农业增产，则由于积累少，石油产量不足，加以可开垦的荒地也不多，大规模的垦荒一时谈不到，因此在第二、第三两个五年计划期内，我们的主要力量必须放在单位面积产量上。中国农业的特点和苏联、美国不同，它们是人少地广的国家，由于农业的劳动力缺乏，为提高劳动的生产率，不得不用机械化来替代人力，增产效果是显著的，积累也是快的。但我国不能从畜力农具立刻过渡到高度机械化，我国国土虽然很大，但耕地少、人口多，不能很快采用苏联、美国农业生产高度机械化的办法。要提高单位面积产量，除以上所谈的肥料和水利两项外，还必须采取精耕细作等比较复杂的途径。以机械化代替人力畜力，主要目的是在提高劳动生产率，但在人多地少的地区，在耕种和收获上来推行机械化，不仅会把人力排挤出去，而且会浪费很多的资金，对于增产不会有好处。因此，在我国地少人多情形下，应用机械化的步骤，一般说来必须是缓慢的。但亦不能一概而论。在有些地区，在特别农忙的时期，人力畜力都感到不足的时候，仍需要使用机械化来解除困难。例如浙江省的稻田占总耕地面积的76%强，扩种连作稻后，劳动力紧张的困难，就不容易解决。扩种连作稻除了水利、肥料两项以外，最主要的条件是劳力充足。浙江平均每个农业人口只有1.7亩耕地，劳力一般是足用的；但是连作稻的季节性很强，连作晚稻要在立秋前插上秧，越早产量越高，晚了则减产很大，过晚则颗粒无收。从大暑割早稻起（早稻因地区、品种不同，成熟期也不同，有的是大暑前十天成熟的），半个月内要进行割稻、打稻、担稻草、松土、车水、拔秧、插秧、耘田、追肥等项农活。这时就出现劳力不足的情形。农民形容农忙时节说简直是“要粮不要命”。在浙江平均每亩要工四个到五个。每个整劳动力只能负担四亩左右。1956年因为没有经验，有的地方种多了，以致连作晚稻有92万亩没有插下秧，有130万亩在立秋后插秧严重减产。早稻抢收，损失也很大。在这个农忙时期，人力、畜力都出现了严重不足的情况，阻碍着各种增产措施的推行。农民说要把双季稻种好，最好能做到“早黄晚青”（即上午割早稻，晚上插上晚稻秧）。要解决季节性的劳力紧张问题，除了搭配好品种，合理组织和安排劳力以外，还必须从改进农具着眼。种连作稻劳力最大的是插秧、割稻、车水。插六寸见方的秧一亩，需要劳动力一工，割稻也需要一工。现在南京华东农业科学研究所试制的插秧机，每天可插 30 亩，现有的马拉收割机每天可割 6 亩。这些农具虽然还有一些技术问题没有解决，但是基本上已经试验成功了。目前主要的问题是这些农具的重要性还未引起领导方面足够的重视。因此对于这些新式农具的改进和推广工作，还需要进一步地加强。所以在这个特别繁忙的半个月时期，农民所最迫切需要的是极简单的机械化，如割稻机、插秧机和抽水机（代替水车）。只要运用得当，增加单位面积产量也比畜力农具的效果高，因为耕得深，插得匀，动作快，能够抢农时，如果经营得好，成本也可以比人畜力低廉。因此这几种机械是符合投资少、收效快、增产多、经济效益高四项原则的。

在华北也有同样的情形。例如在华北平原，要把一熟改双熟，一年最忙的时间集中在 20 天（从割麦到种秋 20 天）和 40 天（从秋收到种麦 40 天）。在这个时候，又收又种，还要灌溉，加上牲口缺乏，人力还要代替畜力，人力就更不够了。所以今后农村富裕增产的关键，就在于农忙忙不过来的时候，有机械来帮忙，使农民忙得过来；闲的时候，有副业可作，使他们闲不下去，这样才能把农民从忙闲不均的苦闷中解放出来，使各种增产的措施能够顺利地推行，农村的劳动生产率方能更快地增长上去。

我国是一个农业国，在农业经济方面，人工贱，农产品贱，农业积累少，而钢铁贵，机械贵，因此农村购买机器的能力有限。此外，农民还缺乏使用机器的经验，农村也缺乏一套为机械工具修配和服务的机构。这样农业机械化只能逐步发展，逐步提高，在新旧交替过程中，必须使人力、畜力与机力，机械化农具与旧式农具结合使用，因此，现在谈不到凯恩斯的学说如“资本的边际效能太低”，或“投资已达到饱和点”，等等。国家技术委员会主任委员黄敬同志说：“据初步调查，每个农民每年的积累平均约4元左右，假设其中一半用来购置设备，那每人每年2元，全国农民对机械设备的购买力每年约在10亿元左右”。这样的购买力，在数量上虽然不少，但在全国范围来说是很不够的。从而可知农业投资刚刚开始，距离“饱和点”太远了。

第五，凯恩斯推进投资的两个方法，一个是提高资本的边际效能，一个是把利率降低。把利率降低就是实行通货膨胀。我们要知道凯恩斯是站在资本家方面的，他以为总要使资本家继续投资方能维持社会的生产事业，但要资本家继续投资，必先使之有利可获。最直截了当的办法是减低工人的工资，但恐激起工人的愤怒，引起工人的罢工，故此法不能行。势必用一个间接的办法，一面把现行工资冻结起来，同时把利率降低，实行通货膨胀，使物价高涨，工人的真实工资减低，这样才不致激起工人的反对和罢工。其效果与直接减低工资相等，且不冒罢工的风险，而因物价高涨资本家仍有利可获，可以使生产事业维持下去。一言以蔽之，凯恩斯的主张不外乎吸吮工人的血液脂膏来填补资本家的欲壑。在我们看来这是十分反动的主张。在这样的条件下，如工人不愿意继续工作，他有退出工厂的“自由”；退出之后，他失业了，但他的失业在资本家看来，是“咎由自取”；因此谓之“甘愿失业”，而甘愿失业据凯恩斯的意见，不应看作失业。所以凯恩斯的“甘愿失业”比诸我们的甘愿失业名同而实质不同。我们的是为帮助无业的人民就业而人民有所挑剔的甘愿失业。他的是为讨好资本家压低工人的实际工资使原有职业的工人不得不“甘愿失业”，何等反动！何等苛刻！但酿成的恶果，尚不止此。既然要膨胀通货，势必导致赤字预算。解放以前，国内的经济学者中崇拜凯恩斯的不乏其人，他们（包括陈振汉在内）恨不得把凯恩斯的全部理论囫囵吞枣地搬到中国来应用。在这里篇幅不允许我从长讨论，我只说上面所说的两点——资本的边际效能太低和利率政策——已足以断定凯恩斯的学说不适用于中国。我们的问题是农产品收购价格高些低些的问题，不是利率稍高稍低的问题。我国的金融事业在第一个五年计划期间获得巨大发展。目前中国人民银行拥有两万个分支机构，加上农村中的十万个信用合作社，形成了一个庞大的社会主义金融网。在第一个五年计划期间，国家银行发放农业贷款总数达 68 亿元。按全国农户总数计算，平均每户贷款 56 元多。农民得到这笔贷款，比私人借贷要少付利息 174 000 万元。为了支持农业合作化，国家银行在 1956 年就发放了贷款 31 亿元，其中发放的贫农合作基金贷款，帮助 4 000 多万户贫农和下中农缴纳了入社股份基金。另外发放给农业社的 104 000 万元基本建设和生产费用贷款，帮助农业社兴建了水利工程，购买了生产资料，促进了农业生产的发展。

全国农业发展纲要（草案）所要求的每乡一个信用合作社的任务，已经提前一年在 1956 年实现。1956 年全国农村已有十万个信用合作社，入社农户达 9 618 万户。这个为资本主义国家所没有的群众性的金融组织基本上消灭了农村中的高利贷剥削，成为国家银行在农村的有力助手。为了动员群众资金，使之有利于国计民生事业，国家银行广泛开展了储蓄业务。1957 年 6 月底，城市人民储蓄在银行的款项达到 248 000 多万元，比 1957 年底增加两倍多。国家银行还适应国民经济发展的需要，有计划地组织和调剂货币流通，使货币的投放和回笼有利于国民经济的发展。这主要表现在：每年适应季节性的需要，上半年组织货币回笼以稳定市场；下半年投放货币，支持国家收购。因此，从以上各方面看来，在我国农村中利率的高低已不成为一个问题。

现在成为问题正在设法解决的是若干农产品收购价格问题。这个问题，正如1957年中共浙江省委给中共中央报告中所说，是农商关系中最尖锐的问题。收购价格规定得恰当就能够推动生产的发展，规定得不恰当就会引起生产的破坏。随便举几个例子：浙江是茶油产区之一，有油茶林120万亩，战前茶籽最高年产量（1937年），曾经达到617 000担，战争时期油茶林大量荒芜，加以解放以后茶籽价格偏低，某些收购人员又在压级压价，农民培育亏本，因而恢复很慢。1955年浙江省委采取积极发展的措施，两年之内荒芜的油茶林已经大部垦复，新造油茶林约有240万亩。又如晒烟，1950年和1951年连续提高价格，1952年产量达到24万担；1952年下半年每担价格由32.6元下降到24元，产量锐减，最近两年价格稳定在每担29元左右，仍然偏低，产量维持在15万担左右，不能恢复到1952年的水平。主要农产品的价格过去是中央商业系统规定的，虽然留有一定幅度给地方机动调整，但是仍然不能适应各种不同地区的生产情况，调整权下放后情况可能改变。据李先念副总理在政协全国委员会常务委员会第四十七次会议（扩大）上报告，1956年全国猪的产量是9800万头，1957年政府把猪的收购价格提高13.4%，把销售价相应提高6%，同时把猪税下降5%（从13%降到8%），猪的产量就增加了2 000万头（自1956年的9800万头上升到1957年的180万头）。菜油的收购价提高了29.8%，油的供应量就从1952—1953年的180万吨提高到1957年的228万吨。

中共辽宁省委农村工作部派人在昌图、盖平、凤城等地的农业社作典型访问，农民的意见主要的是在农副产品的收购上压级压价的现象很严重。农民反映说：“工业品是明码实价，农产品是嘴巴说话”（就是凭采购员说几等就是几等，说多少钱，就是多少钱）。昌图县民主第三社，用筛豆机把大豆筛得很匀净，但也验不上一等，都是二等、三等。许多农民说：“过去没有筛豆机筛也能卖上一等，可是现在用筛机筛完了，反倒卖不上价钱。”凤城是烤烟、柞蚕的特产区，在收购上也有问题，不是压级压价，就是收购不适时，烤烟过早收购（八月初），柞蚕过晚收购（年底），这就严重地影响了产品质量，当然也影响了收购价格，而且也影响了收购任务的完成。盖平棉产区有的农民为了能够按合理等级出卖棉花，背着棉花走好几十里路，对采购站的意见很大。此外，农村商业工作者对收不上来的东西百般迁就，登门收购，对上市数量较多的东西则挑肥拣瘦。

浙江省委的报告指出：“粮价也很值得研究。由于粮价一般偏低，更多的人对生产商品粮食的积极性是不高的。他们即使在种植面积上执行了国家的计划，在加工、施肥方面，却将人力、物力首先放在产值高的作物上面，这样就必然会对提高粮食产量不利。但是由于粮价牵动的面很大，提高粮价，在当前是不利的。目前只能通过思想工作和经济工作使粮价维持现状，但这不是长久之计。农业合作化以后，价值规律在农业生产中仍然有很大的作用，要增加大量的商品粮食，对粮食价格政策应该做进一步的研究”。

以上所述已足以证明我们的问题不是如凯恩斯所说的利率问题，乃是目前急迫需要解决的收购价格问题，故凯恩斯的学说于中国是不适用的。

十二、赤字预算

我在第十节末说过我国地少人多经济落后，自明年始我们要建立十二个大结合加速工农业的同时发展并扩大就业面，我们不必像美国那样降低利率、膨胀通货、提高物价借以降低工人的实际工资来解决失业问题。因为降低利率、膨胀通货一定要导致赤字预算。但1957年第一届人民代表大会第四次会议上有人问我：“我们知道资本主义国家有赤字预算，现在我国也有赤字预算，则社会主义的优越性在哪里?”现在我来做一个解答。

在极端的资本主义国家，在不景气的时候，人人视投资为畏途，人力、物力皆无出路，不得不由政府出面来救济，举办各项公共工程，以待工商业景气逐步恢复。但到工商业已到活跃时期，这些公共工程必须延缓，以待工商业渐趋萎缩时再行举办。美国前总统罗斯福的新政策是用政府的力量与信用发行公债，投资于公共工程，使国民所得增加，国家经济繁荣。公债的作用在吸收社会的储蓄，用之于生产事业，而这种事业自有清偿之能力，公债自易收回，故美国政府以财政的力量推动经济事业，若办理得当，尚属利多害少。但今日美国政府采用的政策与此全不相同。他们利用凯恩斯所倡导的有调节的资本主义，就是把国家机构置于资本主义的垄断组织之下，由它来干涉经济，如实行经济的军事化，国家可以用公债或用膨胀通货的办法向垄断组织订购军火、装备和给养，以保证垄断资本得到最大限度的利润。这些军火装备或给养自己没有清偿的能力，发出的公债或通货自无收回之可能。1957年7月1日出版的美国《新闻周刊》把通货膨胀称谓“大骗局”，并说“这个骗局打击了每一个人的收入和储蓄，它是变相的捐税，最恶毒的捐税”。那么形成这种祸害的原因在哪里？上述一期美国《新闻周刊》答道：“因为政府希望花钱，大部分花在军备方面，在多数的情况下是津贴式奉献给一些有势力的派系。”据《美国新闻与世界报道》发表的数字，在1932年财政年度美国人民对军费的负担平均每人为5美元，而在1958年度的平均负担已达263美元。这就是说美国目前的军费开支已达到1932年的52倍。这种沉重的军费负担，虽高额赋税也无法应付，结果就是通货膨胀更见恶化了。此即美国赤字预算的真相。凯恩斯的就业理论给国民经济军事化以理论根据。当人人视投资为畏途，人力、物力皆无出路的时候，他主张用国民经济军事化的方法来刺激生产资料的需求和价格。否则就造成生产过剩，货弃于地，经济恐慌一触即发以至于不可收拾。但导致经济军事化的赤字预算这样继续下去，不知伊于胡底，确实是美国的隐忧。

至于我国1956年度预计有8亿多元的赤字，稍有知识的人莫不知其与美国的赤字预算不同其性质。根据历年的情况，我国每年预算执行的结果，都是当年收入大于当年支出。国家将每年的结余拨给银行，或存入银行，以加强银行的信贷资金。当1956年初编制预算的时候，由于社会主义高潮下的新情况估计不足，仍然根据过去的经验，在预算收入中列了一笔上年结余。这样一开始就把预算的底子打大了一些，而在预算执行当中，又由于农业生产合作化和手工业合作化的高潮等，先后增加了一些支出，以致执行的结果，收入虽然有所超过，但支出超过更多，不仅动用了原列的上年结余，还出现了赤字，要从银行动用财政的历年结余存款和从银行透支，从1956年的当年收入和当年支出的数字来看，支出大于收入18.3亿元，但从预算本身的收支数字来看，赤字只8.19亿元（因为有上年的结余），只占整个预算支出的2.68%，在我们这样的国家，仅仅这个数字并不算大，比诸美国的赤字，真是小巫见大巫。我们不应该忘记1956年的建设事业的巨大发展是在遭受严重自然灾害的情况下进行的。国家为了领导人民战胜灾荒，先后拨款5.76亿元（包括有关防汛、抢险、堵口、复堤、救济和修复等费用），发放救济贷款2.8亿元，并且从全国各地向灾区调集了大量的粮食，使灾区粮食供应未断，粮食的价格未涨，以视解放前几次大灾荒中，各灾区所呈现的生产停顿，物价狂涨，千千万万的灾民流离失所，饿莩载道，而如虎如狼的剥削者囤积居奇，乘机发财的景况，其相去真不可以道里计也。

十三、在一个强有力的政府管理下贯彻执行统购统销政策

我们在上节说明我国1956年度出现了8亿多元的赤字，是由于1956年农业生产合作化和手工业合作化达到了高潮，同时是由于我们遭受很严重的自然灾害，可以说这个赤字大部分是为了农业的发展。为什么呢？因为我们在篇首已说过“我国的农业生产的发展，赶不上整个国民经济发展的需要……”所以“此后应该贯彻执行发展工业和发展农业并重的方针”，这样我们把首尾两端衔接起来了，此文以农业始，仍以农业终，仍是一个团团转的方法。我们要建设一个社会主义的社会，一定要把农民引上社会主义道路，所以要发展农业合作化运动，用集体力量发展生产，增产粮食和各种经济作物；另一方面，实行粮食统购统销政策，在粮食产量还不能充分满足各方面需要以前，实行社会主

义的计划分配办法，保证供应各种必不可少的需要，保证我国六万万城乡人口在生产不断发展的条件下都有饭吃。这样做，我们战胜了1954年和1956年的大灾荒，粮价一直稳定未涨。如果没有统购统销政策，谁能保证粮商不在市场上兴风作浪呢？

但现在农村中出现了一种错误想法，有些干部、农民主张国家对粮食少购多留。我在《新人口论》一文第五节中曾说："今日的农民对于自己生产出来的粮食，总想多留一些，对于生活上的需要要向城市居民看齐。他们要吃油，所以油的紧张超过粮食；他们要穿新衣，所以布不够用。这个情况已经相当严重，但每年还要增殖出来1300万新人，除在工业部门安置100万人外，要把其余1200万人安置在农村，他们的劳动生产率在短期内既不能提高，而在生活需要上又要向城市看齐，长此以往，如何得了。所以对于人口问题若不早为之图，难免农民把一切恩德变为失望与不满。"① 因此我建议政府一面加速积累，促进工业化，一面快快控制人口。这是因为（1）我国原有经济基础十分落后，目前生产水平还不高，因此企业事业单位吸收人员的容量受到一定的限制；（2）我国是六亿多人口的大国，人口自然增殖率很高。据估计，仅中等以上城市每年进入就业年龄的青年就有100万人左右，加上其余的1200万和社会上原来还剩下一部分失业无业人员，若要在最短时间内，全部归国家安置，显然是不能的；若进一步把这些人安置在城市和工矿区，那就更加办不到了。不得已只得放在农村。但放在农村也难免发生副作用，就是农民要求能不能把留粮标准提高一些？我们的答复是随着农业生产的巨大发展，留粮标准将来一定要继续提高，但是现在还没有

① 见本书160页。

这种可能。全国人民在共产党领导之下，正在埋头建设，如城市和工矿区的居民、经济作物区的农民、缺粮农民、灾区农民、盐民渔民，以及军队学生都必须给以口粮。农民的留粮标准如果继续提高，则这些人的口粮就不能保证，工业就发展不起来。这篇文章中所讲的工业化的任务就不能实现，一切都落了一个空。不仅拖拉机厂要停工窝工，水利建设亦将停止，化学肥料亦要减产，直接间接都影响着农业。

但从各处的报道看来，个别农民的个人利益思想还是很浓厚，集体利益的思想还觉得不够。属于国家计划收购的粮食、棉花、油料和属于国家统一收购的物资如猪肉、茶叶、山羊毛、麻、土布、土丝、中药材等二十几种大量流入自由市场，已经成为一个严重违反国家统购统销政策和统一收购法令的问题，其非法流入上海的大量统购物资竟引起城乡投机商贩大肆活跃，上海市有的黄牛掮客甚至下乡勾引农民大量贩运；油料、土丝、皮革等流入了“自发工厂”。据畜产公司调查，由于山羊毛的流入，经营山羊毛加工整理的自发作坊一度发展到一百多家。自发的制糖厂和自发的炒房为数更多。在上海自由市场上甚至发现以农业社名义出售大量油料、蚕豆的现象。浙江省平湖县人民委员会也曾经出证明给这个县供销合作社，以高出国家统购价一倍以上的价格，在上海出售花生仁。从这些具体例子看来，有些农民、合作社甚至个别的县政府对于国家法令是不够尊重的，实质上起了破坏统购制度的作用，因此在农村中有进行一次大规模的社会主义教育的必要，帮助广大农民群众和乡社干部进一步地了解当前国家所实行的各项根本政策的正确性，提高农民群众和乡社干部的社会主义觉悟，这样我们可以完成国家购粮的任务，保证本文所讨论的整个国家经济计划的顺利进行。同时在全国城镇粮食的销量必须严格控制，今后几年城市居民的口粮不能再提高，供应水平较高的城市，还要适当地加以压缩。这样控制，尚感不足，必须同时规定凡归国家计划收购和统一收购的农产品及其他物资绝对不准进入自由市场。非由国家指定担任收购任务的企业、机关和团体，都不准进行收购。对于违反这一规定的企业、机关和团体，当地人民委员会当给以严格的处分。

我们这样做目的在完成社会主义工业化的任务，非有一个在群众中有威信的党——中国共产党和一个有力量的政府——人民政府不为功。我的思想体系如此，则各党派轮流执政的主张不能容纳在这个体系之内。我们要有一个稳定的局面，才能把几个五年计划坚决地贯彻执行。轮流执政最恰当的例子莫善于法国。从二次大战后短短的十多年，法国政府变更了 23 次，这可说是轮流执政的大乘了。但是“轮”来“轮”去，未曾“轮”出一个像样的东西来。你来过了，我又来，几个资产阶级政党像走马灯一样，都轮过几遍了。结果如何，尽人皆知，法国还有可以取法的吗?

结　论

我在上面已说过这篇论文是根据辩证唯物论的理论写出来的，其中有几个要点要请阅者们注意的：

1. 辩证法认为世界上各个对象、现象不是彼此孤立的、隔绝的，而是互相联系、互相作用的。所以这篇论文仍用平衡论中所用一个环节接着一个环节、首尾两端相衔接的方法写成的，就是用团团转的方法写成的，因为依据辩证法，社会主义的经济是一个整体，其中各部门各环节都有内在的联系，故无论从何端出发，到最后仍然回到原处。

2. 辩证法也告诉我们事物是在不断的运动中，在不断的变化发展中，世界上陆续出现着新事物，这些新事物不断生长，旧事物不断消灭。所以这篇论文的第八节从发展的观点来重谈平衡理论，就是说这里面所谈的平衡理论，比较在两篇平衡论中所谈的平衡理论前进了一步，就是旧平衡已经或将要发展到高一级的平衡。这个高一级的平衡是一个新平衡，因为这不是在平面上团团转的平衡，乃是螺旋式地团团转的平衡。

3. 我们所谓的“理”就是辩证唯物论中的规律，规律在具体事物之中，即一般在特殊之中，故说“理在事中”，但宋明程朱一派哲学家乃作出“理在事先”的结论，才陷入唯心主义的范围。他们把概念从具体特殊事物割裂开来，这显然是错误的。我们在第八节中指出他们的错误如何产生。

4. 程朱一派哲学家所讲的“理”不仅指自然法则与规律而言，似乎也含有道德原则的意义在内。我们在这篇论文里特别指出就是道德亦是随着事物的发展而发展，亦循着事物前进的道路而前进，换句话说，道德的前进，也是螺旋式的。尤其在十月革命胜利以后广大群众的思想变革涉及道德、心理和人生观。今日我国山区人民的心理和人生观的突变就是一个最好的例子，他们的生活由痛苦转化为快乐。

5. 与我们的理论对立的是英国经济学者凯恩斯氏的一般理论。我们从发展的观点谈理论，他是从“营救资本主义”的观点谈理论，这很明显地指出社会主义经济正在蓬勃生长，资本主义经济正在垂死挣扎，殊不知还有丧心病狂的知识分子不顾制度之差、异国情之不同，梦想把凯恩斯的一般理论生搬硬套于中国，真不知其居心何在。

6. 在第一届全国人民代表大会第四次大会上有若干代表问我说，资本主义国家（指美国）有赤字预算，何以社会主义国家（指中国）也有赤字预算。这个问题非口头上三言两语所能解答。所以我在第十二节中给了一个彻底的解答。

附　　录

联系中国实际来谈谈综合平衡理论和按比例发展规律

社会主义经济建设的计划是建筑在按比例发展规律之上的（同时也利用价值规律），依据按比例发展规律并且可以作出一个全面的综合平衡工作。虽然在过渡时期因计划经验不足，调查不够深入，研究不够深刻，所作的平衡工作未必是全面的。但那是暂时的现象，日后经验积累一多，这些缺点不难逐步纠正。

我这篇文章是企图结合中国的实际情况，来谈谈综合平衡理论和按比例发展规律。由于计划经济包括了许多部门和许多环节，我研究的方法，是挑选几个主要环节，而后再一个接着一个地全面地综合地说清楚各个环节间的平衡关系，以物价政策开始，最后仍以物价政策终结。换句话说，我是用团团转的方法来说明全部平衡理论的。

一、稳定物价和物价政策

首先，计划经济一定要建筑在稳定的物价基础之上；没有稳定的物价，综合平衡无从着手。我们还要利用价值规律来进行经济核算，不可想象我们可以不用各种产品的客观价格来进行核算，也决不能用不切实际的核算来编制经济计划。因此我首先要谈一谈恢复时期的稳定工作和现在的物价政策。

解放初期，我国经过 12 年的战争和长期的通货膨胀，人民日夜面临着物价波动的痛苦，不但人民生活不能安定，就是生产也无法恢复和发展。要发展生产，首先必须使各种动荡不定的物价在当时水平上稳定下来，然后在这个基础上，进一步作某些必要的调整。1950 年 3 月物价开始趋于稳定。1952 年以后，经济基本上恢复了，物价就稳定下来了。这个稳定为今日的计划经济（全面安排）创造了必要的条件。

但要发展生产，必须首先发展农业，尤其必须合理地调整粮食、棉花、烤烟、甘蔗等主要农产品的收购价格。因为这些农产品的商品量大约占农产品商品总量 200 亿元左右的 70%。如果这些农产品的价格规定得适当，就容易刺激农民发展农业生产。

在主要农产品的收购价格和相互间的比价基本上适当地规定之后，再把工农产品比价的差额逐步缩小。以 1955 年 24 个省区 118 个县城以下市场 107 种产品的材料计算，工农产品比价的差额同 1950 年比较，缩小了 17.25%。同时为反对私商的囤积居奇，逐步缩小了以至最后完全取消了季节差价，而这个差价是在全年最高价格或者接近全年最高价格的基础上取消的，这就在实际上提高了这些农产品的收购价格，增加了农民的收入。这就是说，农民除从土地改革，高利贷剥削的消灭，私商的少尺、短秤、掺假、掺杂等的取消，获得许多利益之外，还从缩小工农产品比价的差价上、取消季节差价上获得不少利益。

我们不但在农业方面采取了上述措施，同时在资本主义工商业方面，也缩小了批零差价和地区差价，限制资本主义商业过多的不适当的利润，使批发商不能进行远地经营，大零售商不能过多地取得利润。结果，一方面全国物价更趋于稳定了，另一方面也促使资本主义工商业进一步接受社会主义改造，这就为实行计划经济铺平道路。

现在，我国的经济情况和政治情况已经起了根本的变化，大中型的工业建设在全国范围内进行着。生产和流通增加了，交通和运输迅速发展了，农业合作化的高潮到来了，手工业和资本主义工商业的社会主义改造基本上实现了。在这种新的情况下，若干原来合理的价格和各种差价，现在不能适应实际情况的要求了。举生猪的收购价格为例：解放以来，猪价是逐年提高的，猪和粮食的比价一般高于战前10%左右。但在粮食统购统销和农业合作化以后，情况发生了变化。过去个体农民养猪，是利用半劳动力和空闲时间，利用剩余食品等作部分饲料的，那时米糠价钱也低，农民养猪是有利的。但是农业合作化以后，养猪的条件已经发生了变化。不论合作社养猪，或者农民自己养猪，人工和饲料都比较严格地计算成本，米糠价钱也涨了，社员养猪也要同参加集体劳动按劳取酬的条件作比较，这样原来合理的收购价格变为不合理了。此外部分地区的花生、芝麻、茶叶和蚕茧的收购价格也有偏低的情况，目前这些产品的产量许多没有达到战前的水平。至于桐油、菜油的收购价格同粮食价格比较，仍然低于战前的水平；油菜籽的收购价格，虽然大体上相当于战前同粮食的比价，但是几年来粮食的单位面积产量提高了，棉花的单位面积产量提高得更多，而菜籽的单位面积产量除个别地区以外，不但没有提高反而低于战前，农民种菜籽不如种粮棉有利。这不仅影响了经济作物的生产，而且影响了出口贸易和外汇，也间接地影响外国生产资料的进口和国内工业建设的发展。因此这些产品的收购价格同猪一样非提高不可。但我们觉得满意的是七年来主要农产品的收购价格是正确的，需要调整的只是一部分。

在地区差价方面，虽然已经在不同程度上作了一些调整（缩小），但在新的情况下，这些调整，显得不够合理。有些地区如西南、西北，由于交通不便，各项资源不能充分加以利用。据四川省省委第一书记李井泉同志在“八大”发言，四川省边远山区农、畜产品的价格是愈远愈偏低，工业品的价格是愈远愈偏高，影响着山区和兄弟民族地区人民生产的发展和生活的改善。现在铁路修通了，条件改变了，过去的地区差额仍然显得不合理，因而从边区运输出来的某些产品，国家要给以运输费的补贴。在畜牧业和渔业方面也有同样的情形。牲畜的收购价格过低，使农民觉得养牲畜无利可图。有些群众甚至反映说：“活牛不如死牛值钱。”压等、压秤、压价的现象很严重。但为什么牲畜的价格这么低呢？主要原因就是收购、推销、宰杀部门的流转环节太多，费用太大。毛利虽达 100% 以上而纯利只达 16%，税率也比较高些。因此要发展畜牧业，还必须解决牲畜的收购价格和税率问题。至于渔业，我国水产在解放前的最高年产量是 1936 年的 150 万吨，至 1955 年已经达到 250 万吨。过去水产部门往往偏重发展国营渔业，忽视占生产量 91% 以上的群众渔业；他们偏重海洋生产，忽视淡水渔业；对渔业的供销、价格和税收，也有过很多的缺点和错误。供销工作人员有单纯的赢利观点，购销计划虽不能完成，却超额完成了利润计划。一般的情况，是鱼货收购价格偏低，而渔民生产资料的供应价格却偏高。在税收方面，有些地区还保存不合理的渔税，凡此对渔民的生产积极性都有不同程度的影响。所以，鱼货的收购价格也应提高，税率也应减低。

二、经济和财政的平衡

总的说来，无论是一部分农产品收购价格的提高，远道运输费的补贴，工业品销售价格的减少，税率和利润的降低，都是导致农民收入的增加（经济）和国家财政收入的减少（财政）。因为一方面是要国家多花钱（如提高农产品、畜产品等的收购价格，发给远道运输费），另一方面是要国家少收钱（如降低税率、减少利润、减低若干工业品销售价格）。多花钱，少收钱，做法不同，结果则一——这就是国家财政收入的减少。据财政部长李先念先生的估计，每年少则减少10亿元，多则要达到20亿元。但这样做，不仅可以改善人民的生活，亦可以促进农业、畜牧业等生产的发展。国民经济收入的增加和财政收入的减少，其间必须有一个平衡，就是经济和财政的平衡。财政收入减少得太多，势必影响国家在工业建设上的投资；太少，亦必影响农业、畜牧业等生产的发展。

在这里可以看出我们如何利用物价政策（价值规律）来为社会主义经济建设服务。虽然我们在收购粮食、棉花等几种大量的农产品的时候，我们大大地缩小了它们的自由买卖的市场，从而也大大地限制了价值规律的作用；但仍然要利用价值规律来进行计划经济。我们提高了粮食、棉花、油类等的收购价格，调整了农产品和工业品的比价关系，为的是要提高农民的积极性，鼓励他们发展生产，增加工业用的资料并为国家积累资金。但是，财政收入减少了，财政支出亦必相应减少，以求得财政收支平衡。

三、财政收支平衡

财政收入减少了，财政支出也必须相应减少。这唯有出于减少支出的一途。但问题是哪些支出可以减少。我国 1956 年的预算保证物质生活和文化生活的提高，用在经济建设和文化教育事业的支出，占 1956 年预算支出总数的 64. 96%，其中经济支出为 160 亿多元，占预算支出的 52. 22%，比 1955 年经济建设支出决算数增长 17. 04%。社会文教事业支出为 39 亿多元，占预算支出的 12. 74%，同 1955 年比较增长 18. 36%。可知我国的预算以三分之二的收入用于经济建设事业和文化建设事业，为的是要保证物质生活和文化生活的继续提高。因此这两项的支出是不能减少的，要减少就只能从国防费用和行政费用两项来打主意。1956 年国家预算规定国防费支出为 6 141 391 000 元，比上年国防费决算数减少了 5. 52%。我国的国防费在 1956 年国家支出预算中所占的比重为 19. 98%，比 1955 年国防费在支出决算中所占的比重还下降了 2. 17%。1956 年国家预算规定行政经费支出和公安、司法、检察经费支出共为 2 410 935 000 元，只占本年预算支出的 7. 84%。周恩来先生在第二个五年计划的建议报告中说。“在第二个五年计划期间，我们有必要和可能适当地降低国家预算中的国防和行政费用的比重。……第一个五年国防和行政的费用，约占财政支出的 32% 左右，第二个五年应该争取降低到 20% 左右。这样，经济和文化教育支出所占的比重，就有可能由第一个五年的 56% 左右，提高到 60%—70%”。不过我国的领土台湾还没有解放，我们还受着美帝国主义的威胁，不能草率地把国防费用削减得很多。因此，一面固要节约财政开支，一面还要克勤克俭，努力建设。正如李先念先生在“八大”所说：“财政收入减少了，财政支出也必须相应减少。根据财政收支平衡的原则，除了增加生产厉行节约之外，别的出路是不多的。这就必然要在工业同农业、重工业同轻工业、国家建设同人民消费之间的比例上引来若干影响。国家提高农产品的收购价格，在这一方面的钱用多了，农民的收入增加了，购买力提高了，除开供应生产资料、引导农民扩大生产之外，需要有更多的消费资料来供应农民提高了的消费需要。这样，也就不能不增加一些轻工业投资的比例，适当改变一些重工业投资的比例和其他方面支出的比例。在保证我国工业较高的发展速度的条件下，适应情况的变化，做一些必要的调整。”李先念先生在1956年国家预算报告中又说：“在1956年内，国民经济各部门增加的新工人将达到84万人，全国职工的平均工资将提高14.5%。”全国职工的购买力也加大了，更需要使他们能够买到更多的价廉物美的东西。这就是农民的收入和职工的工资都增加了，不能不增加一些轻工业投资比例的道理。俟轻工业更加发展之后，转过头来，又会促进农业的发展。因为轻工业既能满足农民对轻工业产品的需要，当然可以及时换回农民的粮食和农业经济作物，这样就会提高农民生产的积极性，使整个国民经济益加协调，人民生活益加改善，工农联盟益加巩固，国家积累愈益增加，最后重工业的发展速度愈益加快。

四、重工业和轻工业的平衡

我们在上面已经说过，1956年的国家预算用在经济建设方面的为160亿多元，占预算支出的52.22%。现在要把轻工业投资比例提高一些，则重工业投资比例必须降低一些，这就需要一个新的重工业和轻工业的平衡。第一个五年计划原定重工业和轻工业的投资比例为 88.8% 比 11.2%，约等于八比一。现在在 1956 年的预算中就改为 87.5% 比 12.5%，约等于七比一。这样一个新平衡，好像对于重工业不利，其实不然。因为轻工业的特点是投资少，建设易，获利多而且快，可以更有效地积累资金，用来更多更快地发展重工业，据纺织工业部钱之光先生在“八大”的发言，在第一个五年计划期间，全国纺织工业为国家积累了将近 100 亿元（包括工业利润和税收），相当于国家第一个五年计划工业投资总额的 38% 左右。现在新建一个十万纱锭、3 500台布机的棉纺织厂，共需投资 3 500 万元。在正式投入生产以后，只要一年的时间，就可收回全部投资（包括工业、商业利润和税收）。印染、毛纺织厂等，收回的时间还要快一些。因此这个重工业和轻工业间七比一的新平衡，正如刘少奇先生在“八大”的政治报告中所指出的，不仅不会影响重工业的建设，而且有利于重工业的发展。等到重工业发展以后，又回过头来帮助发展轻工业。因为轻工业也有不少原材料须依靠重工业供应，特别是高级染料、塑料、人造皮革、马口铁等，以及一些数量少、产值小的零星原材料，如制医疗器械的合金钢、不锈钢、制钟表的弹簧钢等。至于轻工业所需之各式各样的机器和设备有待于重工业的源源供应，是尤为显著的事。

由此观之，虽然我们的建设方针是优先发展重工业，虽然重工业的比重应大于轻工业的比重，但为了满足工农和国家不断增长的需要，必须同时积极发展轻工业，使轻重工业之间的距离不致相差过大，以免形成脱节。不然的话，轻工业品的生产必落后于人民购买力的增长，不仅影响工农联盟，亦且妨碍资金的积累。因此，在资金、原料足够的条件下，把轻重工业间的比重稍做改变，适当地发展轻工业（而不是盲目地、片面地发展轻工业），不仅可以适应人民购买力的增长，而且可以帮助促进重工业的发展。

但是提高轻工业的比重，必须在资金和原料足够的条件下进行。因此在这里有必要谈一谈轻工业和农业的平衡。

五、轻工业和农业的平衡

轻工业的原材料绝大部分来自农业，如棉、丝、蚕茧、麦子、麻、大豆、甘蔗等，都是轻工业的原材料。以纺织工业为例：纺织工业的发展速度，取决于农业发展速度的快慢，而且原料质量的好坏，也关系到纺织品质量的高低，例如 1953 年是工业增长速度最高的一年，工业总产值比 1952 年增加 31.7%，主要的原因是 1952 年的农业获得丰收，给 1953 年的工业带来了足够的原料。又如 1955 年是工业增长速度最慢的一年，工业总产值比上年只增加了 8%，但其中生产资料的生产仍增加了 17%，而消费资料的生产只增加了 1%。主要原因是 1953 年、1954 年两年的农业生产遇到歉收，1954 年的棉花产量比 1952 年还少 18.3%，这样就使得工业因农业供应的原料不够，不能够按预定速度前进。1955 年棉花丰收，1956 年国家预算有关纺织工业投资金额即较 1955 年增加了 132.14%。这说明了要发展轻工业，必须先解决原料问题。如果原料充裕，国家对人民生活需要的轻工业和纺织工业，就增加投资扩大生产。由此可见，为了提高轻工业的比重，必须积极地发展农业，使工农业之间有个新平衡。

我国有不少地区的气候和土壤都适宜种植棉花。按照国家计划，我国到第三个五年计划的最后一年即1967年，棉花每亩平均年产量（皮棉）按照各地情况，由1955年的35斤（全国平均数）分别增加到60斤、80斤、100斤。因此，我们必须逐步地扩建和新建纺织工厂，以适应棉纺织工业的需要，以求工业和农业的平衡。同时，有关部门还应该扩建和新建印染厂和大力培养纺织、印染和国际贸易等各方面的人才，以求配合纺织工业的发展。这样有计划的发展，将来可以每年有价值一二十亿元的纱布，向外交换我国需要进口的物资，来发展重工业和轻工业。岂不大大地增加国家财富吗？

六、为什么在轻重工业间、工农业间要保持正确的平衡

综上所述，为了正确地保持工农业之间的关系，以促进工农业的共同高涨，我们必须加强对计划经济的全面领导。为此，就必须使重工业和轻工业、工业和农业的发展保持正确的比例。过去某些部门的领导者对于这一点，在道理上都有所了解，但在实际工作中却缺乏认真的调查研究，因而常常是心中无数。有些经济部门，1955年中央提出节约的时候，曾片面地强调了各个经济部门之间的相互制约作用，而产生了右的保守主义的偏向。相反，1956年上半年，当中央提出了反对右倾保守思想之后，有些部门的领导者又曾片面地强调了各个经济部门之间的相互促进的作用，没有注意到重工业、轻工业和农业之间的发展比例，而且也没有注意到这个比例包含着局部和整体、中央和地方、城市和乡村、近海地区和内地等一系列的复杂关系，以致在工业生产中，特别是在基本建设工作中，又产生了盲目冒进的偏向。结果上下左右四邻之间形成了人为的紧张状态，终于不得不在中途变

更计划。中央各部门由此感到在生产建设事业中，为了避免时而保守时而冒进两种偏向，必须在全国范围和地方范围内都根据国民经济按比例发展的要求来加强计划工作。

七、工农业和商业的平衡

由于轻工业的原材料大部分来自农业，所以工业品与农产品之间一定有一个交换的过程，经过交换，两者之间的矛盾就可以暴露出来。过去若干农产品的收购价格不合理为什么没有及时暴露出来？现在要讲清楚。

李先念先生把农产品和工业品的价格归纳为三种情况：（1）主要商品的价格过去是适当的，现在看来还是适当的；（2）一部分商品的价格过去是适当的，现在不适当了；（3）少数商品的价格，过去就是不适当的，现在还没有调整。这些不适当的，或者已经不适当了的价格，之所以没有能够及时发现和调整，一个重要的原因，就是因为一般没有来自其他方面的价格竞争，使得问题不容易暴露。这是因为在实施市场管理办法以后，农产品、农副产品实际上成为由当地供销合作社或国营商业独家采购，没有其他采购单位的竞争，而供销合作社和国营商业没有随着市场情况的变化灵活地掌握物价政策，及时地调整某些不合理的收购价格，以致直接影响到农产品、农副产品的生产，并影响到人民的消费和国家的积累。我们今日要提高收购价格，就是为此。这些缺点，在自由市场存在的条件下，是会很敏感地反映到商品流通过程中来的。

在部分农产品收购价格提高之后，农民的收入增加了；职工的工资增加之后，职工的收入也增加了。但仅仅增加收入还不行，还必须使他们能够买到价廉物美并能够满足他们需要的东西。这固然要依靠轻工业比重的提高，尤其需要依靠商业工作做得好，使工农业和商业趋于协调。近几年来我们的商业工作虽在主要日用工业品的生产和分配方面，尚能满足人民的需要，保证物价的稳定，使人民对商业部门觉得满意；但是，在一般日用工业品的生产和分配过程中，仍有某些缺点存在着。正如商业部长曾山先生所说："有部分产品的品种减少，若干产品的质量下降、质次价高；某些产品供应不及时，花色品种不对路，这里积压，那里脱销，不能适应人民日益增长的需要；在这方面，人民对我们提出了不少的意见和批评。这是商业工作中一个严重问题。"为什么会产生这种情况呢？主要原因是在过去几年中对资本主义工业实行加工订货统购包销的办法之后，结果产生了一部分工厂不像自销时候那样关心产品在市场上的销路，因而也不热心于提高产品质量和不断提高适应人民需要的新的花色品种。另外，国营批发公司上下之间，大部分实行自上而下的派货也是一个重要原因。向工厂订货的工作集中于少数批发公司，基层商店不能根据消费者的需要，直接向工厂进货，批发公司不了解人民的实际需要，向工厂所定货物的品种规格减少了。这样，发到各地的商品的品种和数量，就难免发生一些不合当地需要的情况，因而造成这里积压、那里脱销的现象。这样一来，原来多色多种的花色品种，由于加工包销而简单化了，变成大路货，不能适应城乡人民各种不同的需要。

但话又要说回来。当解放初期，资本主义工商业在我国占绝对优势的时候，对资本主义工业实行加工订货、统购包销的办法有极大的好处。一方面使国家掌握了全部工业商品的货源，一方面把资本主义工业的原料和产品销售两头切断。从另一角度看，这种措施又可以割断资本主义工商业和农村之间的联系，割断它们和自由市场的联系，从而也就把资本主义工商业间的业务联系割断，使资本主义商业只能向国营商业进货，只能根据国家规定的价格出售商品。这样就可以把资本主义工商业的一切活动包括生产和经营纳入国家计划的轨道，这就给它们的全行业公私合营创造了有利条件，同时奠定了对它们全面实行社会主义改造的基础。在实行加工订货、统购包销的同时，实行自上而下的派货和严格的市场管理办法，进一步限制了和堵塞了资本主义工商业的投机倒把、扰乱市场的破坏作用，同时使我们的物价亦能经常保持稳定。这许多措施，在当时是适合时宜的，也是完全必要的。但现在情况不同了，社会主义改造已经基本完成，统一社会主义市场已经形成，继续实行严格的市场管理办法，不但是不必要的，而且会发生副作用，影响商品流转，使物资交流不能更加活跃。事实也已经证明：市场上的“分疆割据”，造成了物资交流的堵塞现象。不但不能很好地满足人民的需要，反而造成产品的脱销和积压，工业和商业脱节，物资不能调剂，生产也会受到阻碍。群众对这种情况意见很多。现在已经到了必须迅速地加以改变的时候了。

现在对于有关国计民生和规格简单的产品，如棉纱、棉布，煤炭、食糖等，依然需要实行统购统销。以便保证供应，稳定市场。但对品种繁多的日用百货，可以逐步停止统购包销，而改用选购办法。凡属选购的商品，商业部门有权优先选购，没有选购或选剩的商品可以由工厂自销或委托商业部门代销。商业部门供工厂原料的时候，不能采取好坏搭配的办法，除某些供不应求的原料可由国家分配以外，其他原料由工厂自由选购（由加工订货改为工厂购进原料，销售产品以后，工业品中收价低了的部分，也将得到调整）。过去，上级批发公司自上而下分配商品，常常使基层单位不能根据人民需要来组织货源，限制了他们的积极性，因而商品调剂不及时，花色品种不对路。现在规定上级批发公司不准向下级派货，下级商店可以向全国任何批发机构自由选购，也可以向工厂直接选购。这样做，可以使工厂关心产品的销路而提高质量，也可以使商品适应顾客的需要，增加商品的花色品种。这种选购办法，同样适合于许多手工业产品。实行优质优价、次质次价的原则，可以鼓励生产者提高产品质量。应该明白，质量下降是变相的涨价。本来应当使用十年的手表，如果因为质量不好而只能使用五年，实际上它的价格就涨了一倍。

现在还要在国营商业统一领导下，建立起新型的农村初级市场，活跃农民间互通有无的贸易，允许县城里的公私合营商业人员和小商小贩下乡进行又购又销的商业活动，对一部分小土产允许自由收购，自由贩运，改变了地区间的封锁现象，取消了硬性搭配商品的做法，打破供销合作社分割和独占农村市场的局面；有步骤地实行由下而上的选购和要货制度，允许县营企业和手工业生产合作社对于自己的产品，除开商业部门收购的以外都有自销的权利；在不提高出售价的前提下，适当提高某些农产品的收购价，贯彻了按质论价的原则，如优质得不到优价，不能鼓励产品质量的提高，只能助长产品质量的下降，但可适当降低某些质量较差的产品的价格。以上种种措施，受到了城乡群众的热烈欢迎，初步扭转了过去国营、合作社营商业“只此一家，别无分店”的“官字号”作风，以及过去商业人员只注意为完成上级所给的卖钱额和收购量的任务，而不注意调查市场和人民需要的主观主义作风。自从实行这种商业体制改革以来，农副产品上市的品种和小商贩经营的品种都增加了，商品流转扩大了。城乡各种商业的经营额都迅速地增长了，国家的利润和税收也随着增加了。而最重要的收获，还在于这样做既满足了城乡群众的需要，又有效地促进着县营工业、手工业和农副业的发展，使生产者的积极性大大地提高，既为人民增加收入，又为国家积累资金。

当然这样的转变，不可能没有一点波动。但这个自由市场的性质和资本主义的自由市场完全不同。它是在国家领导下的自由市场。它的商品流转额只等于全国全年商品流转总额的四分之一，允许自由采购、自由贩运的小土产的全部产值不过 40 亿元，采取选购办法的日用百货不过 40 亿元，手工业品的选购和自销部分也不过 40 亿元。所有这 120 亿元左右的商品不过占今年全国商品零售总额 460 亿元的四分之一强，几乎四分之三的重要商品掌握在国家手里，由国家收购和销售。况且，在自由市场上买卖的商品，不过是一些品种复杂的零星的日用百货和一部分小土产，决不会出什么乱子。这些小土产和日用百货，在 1954 年前极大部分是由私商经营的。这些手工业产品直到 1956 年春季手工业合作化以前，历来是由手工业自由销售的。1954 年前就已经能够稳定物价，不出乱子了，难道在资本主义工商业全部实行了公私合营，手工业和小商贩绝大部分实行了合作化，社会主义经济力量大大加强以后，反而不能稳定物价吗？

但是，自由市场开放后的确也发生了一些问题，例如，某些供不应求的农副产品价格的暴涨，市价高于牌价，部分农民不愿把产品卖给国家，甚至推翻原订的预购订购合同，退还预购款，等等。农民经商的现象，也已出现。发生这些问题的原因，主要是有关部门对已经开放的自由市场缺乏领导，宣传工作落后于实际工作的发展，许多干部和群众不了解开放自由市场的意义和范围。只要迅速地改变目前对自由市场放任自流的状态，广泛地宣传政策，划清界限，市场状况定会逐渐上轨道的。

八、进口贸易和出口贸易的平衡

社会主义商业分国内和国外两部，因此，讨论商业时，不能不连带讨论国外贸易。目前，我国出口物资主要是农副产品，就是出口的许多轻工业品也需要用农产品做原料。大家知道，由于我国化学工业特别是有机化学工业还不发达，轻工业的原料，大约有 90% 以上要依靠农业。农业的丰收或歉收不仅对轻工业有很大的影响，对进出口贸易，也有决定性的影响。因此，进口多少物资，不能孤立地只从工业建设的需要来考虑，还应该看出口货源供应情况如何而定，而按照国家建设需要、进口可能和外汇情况等各方面因素，权衡轻重缓急加以综合平衡来考虑，也是重要的问题。所谓国家建设需要是指各项建设首先是重工业建设所必需的成套设备和各种重要物资的进口来说的。但要进口多少重工业物资，得先看出口多少农业和轻工业物资，因此进出口贸易，是和重工业、轻工业和农业有密切的关系的。国家计划机构在编制年度和长期计划时，应当将各项生产建设的进口需要、出口货源的供应和国内市场的需要尽可能结合起来，全面地、切实地予以综合平衡。出口货源不能盲目地出口得过多，也不能出口得太少。如果出口得太多，就会引起国内市场上某些重要商品的供应发生困难，不能满足群众的眼前需要，就会引起物价的波动，从而影响到国家工业化的顺利进行，工农联盟的巩固，以及党和群众的密切联系。反之，如果出口得太少，就不能保证重工业建设物资的进口需要，那就会影响到国家工业化的进度，从而损害了群众的长远利益，削弱了今后工农联盟进一步的巩固。由此推知，如因国内需要很紧张，出口货源必须减少一些，则进口物资亦必减少一些，以保证外汇收支平衡。以生猪为例，由于人民购买力的提高而增加了肉类的需要量，出现了猪肉供应量的紧张情况，商业部门就采取减少猪肉出口的办法来和缓目前城乡肉类供应的紧张程度。由此可见，随着情况的变化，进出口间必须经常求得一个适当的平衡。例如，到 1967 年，全国棉花的总产量将比 1955 年的产量增加两倍。那时，我们可以年有价值一二十亿元的纱布出口。在十二年内，全国粮食总产量要达到目前总产量的一倍半以上，其中一部分或者可以出口去向外国交换工业建设物资，那时的进出口贸易之间又会出现一个新平衡。我们研究平衡理论，必须从发展的观点出发。我们实际的生活正是在平衡和不平衡的矛盾中发展的。我们的责任，就是要从发展的观点，采取积极的措施，不断地发现新的薄弱环节，不断地克服新的不平衡，使整个国民经济一步一步地走向新的较高的水平。

九、积累和消费的平衡

我们在前节说，出口物资主要的还是农副产品和轻工业品。这些物资输出国外去交换生产资料来发展我国的重工业，它们当然就是变形的资金积累。

我们要完成我国的社会主义工业化的艰巨任务，就必须要有和它相适应的资金积累。而实现资金积累的道路，由于我国社会制度所决定，只能依靠国内积累。积累的多少和快慢，不仅直接影响到社会主义工业化的速度，而且也直接影响到人民的消费水平和生活改善的程度。但积累的来源除出口物资外，还有轻工业、重工业、商业和农业。轻工业是能为重工业积累资金的，但重工业本身也未尝不可以积累资金。鞍钢所提供的利润就大大超过了国家建设鞍钢的全部资金。但很大一部分的资金毕竟是从农业和商业中得来的。因为农民是我国工业市场的主体，是粮食和原料的供应来源，我们要积累资金，首先要依靠农业的发展。随着农业合作化迅速的发展和农业生产的提高，农民的收入增多了，购买力提高了，他们所需要的生产资料如化学肥料、拖拉机、播种机、抽水机、胶轮运输工具等，生活资料如各色各样的布匹、自行车、钢笔、电筒、书籍等，其数量之大，难以估计，而这个数字随着工农业的发展而逐步增加，如果我们能以继续不断增长的工业品去交换农民的继续不断增长的农产品，那么，我们就能满足农民的物质需要，进一步地巩固工农联盟，保持物价的稳定，同时又能为国家增加税收和取得利润，而这也等于为国家积累不少的资金。

大家知道，积累和消费两者加起来也等于国民收入，而国民收入就是工业、农业、建筑业、服务于生产的运输业、商业工作者所创造的社会总产品的价值，也就是常说的总产值。除去用来补偿已消耗的生产资料的那一部分外，剩下的另一部分社会产品的价值，也就是常说的净产值。这个净产值，在社会主义国家里，就是全部的国民收入，都归劳动人民自己所有。劳动人民把国民收入的一部分用来维持和改善自己的生活，就是说用作消费；另一部分用于国家经济建设，也就是说用作资金积累。在分配和再分配国民收入的时候，必须使消费部分和积累部分保持适当的比例。为什么呢？因为我们从工业、商业，主要从农业方面取得一定的资金积累，是为了伟大的社会主义建设，是为了给农民和所有劳动人民创造更大的福利，这是符合人民的根本利益的。但是积累的速度不能太快。太快了，农民的物质和文化生活不能随着劳动生产率的提高而提高，甚至反而降低了，那就会引起农民的不满，妨碍工农联盟，也会妨碍国家建设事业的顺利前进。当然也不能太慢，太慢了，就会妨碍国家工业化，也同样会妨碍工农联盟。所以积累和消费之间，一定要有一个准确的平衡。我们的物价政策、税收政策、工资政策和合作社收益的分配政策，应当既能保证社会主义建设所需要的资金积累，又能保证人民生活的逐步改善。因此，我们必须使国民收入中积累和消费的比例关系得到一个适当的处理。所以，党和政府在合作社产品分配方面采取了“少扣多分”的方针，就是要“既保证集体生产需要，又照顾社员生活需要”的方针。中央指示：要把合作社总收入的60%到70%分配给社员，争取90%的社员能够增加收入，这是当前实现这条方针的具体的政策界限。经过1956年夏收分配的实践，证明中央的指示是正确的。这个指示合理地解决了农民收入的分配问题。对于国民收入（包括各业的收入），也是与农业社的收入一样，要合理地解决国家利益和个人利益的关系问题。根据计划委员会对第一个五年计划中各项指标的初步计算，我国第一个五年计划中的国民收入，经过分配和再分配后，最终用于积累的部分约占22%，用于消费的部分约占78%；同苏联几个五年计划相比，我国积累基金所占的比例较苏联低（苏联大约为25%左右），而消费基金所占的比例则比苏联高（苏联大约为75%左右）。为什么要这样呢？李富春先生认为，这是因为考虑到我国人多、生产不发达等因素，积累基金的比例只能稍低一些。而按照这一比例，既可以保证国家建设的需要，也可以使人民的生活得到适当的改善了。至于其他五年计划的积累和消费的比例关系，薄一波先生认为，在今后若干年内，在通常情况之下，我国国民收入中积累部分的比重，不要低于20%，或者略高一点。我国国民收入中国家预算收入的比重，不要低于30%，或者略高一点。我国国家预算支出中，基本建设支出的比重不要低于40%，或者略高一点。他觉得这些比例是比较符合我国当前的经济状况的，是比较稳妥可靠的。但他不说这些比例在任何情况下都是妥当的。随着生产的发展，国民收入的增加，国防费用和行政费用进一步的节减，积累是可以适当地提高的。

在苏联，积累和消费的比例为25∶75，而我国，则为22∶78。而依薄一波先生的意见应为20∶80，或者稍高一些，这当然大致是由于我国人多、生产不发达所致。如果我们要力步苏联的后尘，把比例提高到25∶75，我们就必须逐步实现农业的现代化，即电气化和机械化，使农民富裕起来。但如果没有重工业的发达，就不可能从根本上改进我们的农业技术，就不可能达到农业现代化。农业不现代化，农业的生产力不容易大大地提高，农业生产力既不能大大地提高，则消费品工业亦不必前进且无法前进。因为如果单独前进而农业跟不上，不能满足工业对于粮食、原料、资金积累的需要；工业即已前进，亦必被迫后退。进一步说，农业生产力既不能大大地提高，农民亦不能很快地富裕起来，其购买力亦不能增大，如消费品工业孤独地前进，不免犯左倾冒险主义的错误，故积累与消费的比例不能提高到苏联的水平（25∶75）。谁都知道，我们目前还不可能有大批的农业机器和化学肥料，不可能大规模地垦荒来扩大耕田面积，因为这些都取决于钢铁工业的发展速度。钢铁生产的多寡，是衡量国家工业水平高低的一个重要标志。虽在过去几年中，我国钢铁的发展速度是相当快的，但从我国工业建设角度来看，则觉得现在工业建设所需要的钢铁是惊人的。一亿元建筑安装工作量平均需要钢材2.2到2.5万吨；一千公里的铁路需要钢轨和钢材18到19万吨。我国要建设强大的机械化工业，也必须要有足够材料，首先是钢铁。根据过去几年来的实际资料，机械工业每提高一亿元的生产总值，平均需要钢材1.5万吨左右。因为这个缘故，在短期内，我们还不可能有大批的农业机器和化学肥料，不可能大规模地来垦荒，即使可能，运输能力也跟不上。因此，我们目前增加农业生产的主要途径，只能在现有的土地上采取各种增产措施来扩大复种指数，提高单位面积产量。同时，在可能条件下，尽可能开垦一些荒地以扩大耕田面积。这就是当前农业增产的基本方向。我们有优厚的自然条件、充沛的人力资源、精耕细作的传统经验，正可以来充分地挖掘现有土地的巨大的潜在力量。我们已经采用了行之有效的各种增产措施，如：（1）兴修水利；（2）防止水患；（3）发掘肥源；（4）改良土壤；（5）选用良种；（6）推广新式农具；（7）防除病虫害；（8）改进耕作技术；（9）改变耕作制度，等等。此后，我们只要用大力进行这些措施，一定能够在现有土地上增加复种指数，提高单位面积产量，来达到农业增产的目的。

十、按比例发展规律的掌握

薄一波先生认为国家预算支出中基本建设支出的比重，不要低于40%，或者略高一些，是适合于当前经济情况的。1956年基本建设支出占国家预算支出的46.7%，其目的在于想更多地搞一些工业建设，使我国工业特别是重工业能够得到更快的发展；但结果，反而“欲速则不达”，给国民经济的发展带来了不良的后果，使积累和消费之间发生脱节的现象。这是由于没有好好地掌握按比例发展规律的缘故。所谓不良的后果是什么呢？第一个不良的后果是建筑材料和设备的供应跟不上。以钢铁为例，我国钢铁工业的发展速度，在过去几年是相当快的。第一个五年计划中规定我国钢的产量要从 1952 年的 134.9 万吨，提高到 1957 年的 412 万吨，每年平均增长 25%。但执行的结果，到 1957 年预计可以达到 550 万吨，每年平均增长 32.5%。高速度发展钢铁工业的方针是对的，条件也是具备的，问题是在于生铁、焦炭和耐火材料的供应跟不上。炼钢平炉的利用率提高得很快，但是它前面的炼铁跟不上，后面的轧钢跟不上，这也就妨碍了炼钢能力更迅速的提高。这是由于缺乏综合的研究和综合的平衡，以致发生各个环节不能衔接所致。在资本主义国家里，如生铁、焦炭、耐火材料供不应求，它们的价格一定自动地上涨，上涨之后，生产自然增加，价值规律在此自动地起其调剂作用。但在我们这里，这些东西都掌握在国家手中，国家有权可以支配，只要切实依照按比例发展规律进行，用不着价值规律来代劳。国家可以利用这个规律来达到预定的目的，它不能自动地起其作用。在我们这里的问题，乃在于平衡工作做得全面不全面的问题。这个例子，明显地指出支配这个平衡工作，不是价值规律（无非利用价值规律作为一个补助），而是按比例发展的规律，不过工作没有全面地按这个规律安排而已。这大抵是由于我们尚在过渡时期，经验不足，预见性不够所致。第二个不良的后果是运输力量跟不上。原因在于运量的急剧增长，如铁路、营业汽车和民用航空，1956 年预计完成的货运量将接近或超过第一个五年计划规定的 1957 年的水平，又加以新增的运输线路和设备跟不上运量上涨的速度。同时，各种运输工具的综合利用组织得还不够好，重复、对流、过运、迂回等不合理运输的现象仍然存在，这就更增加了运输的紧张程度。按照社会主义经济有计划

（按比例）发展的要求，必须在以发展重工业为中心的同时，相应地发展运输业。若只顾基本工业建设而不顾运输业，则大建设由于没有相适应的交通运输条件，建设就不能顺利进行。例如在货运方面，如北京至郑州、石家庄至太原和陇海线西段的通过能力的利用已达饱和点，所以常常发生货车积压、车站堵塞，甚至有完不成运输任务的情况。在客运方面，则常常发生旅客买不到票，上车找不到座位等现象。在这里起作用的也不是价值法则，乃是按比例发展规律。由此可以看出按比例发展规律的重要，我们的建设工作必须按此规律进行。要做好这一工作，第一必须以党的总路线和各项方针政策为依据，使重点和全面相结合，忽视重点或削弱重点的平均主义思想，或只顾重点不顾其他的孤立主义思想，和过分强调一个方面、一个地区的局部思想，都是同党的方针政策相违背的，对国民经济按比例的发展也是有害的。

我们要知道，国民经济的各个方面是一个有机地结合着的整体，其中一定有一个按比例发展的规律。我们要透彻地研究这个规律，要全面地了解经济情况，要预见各个方面、各个部门、各个环节的发展趋势，才能对各种经济成分在确定计划指标时，做出一个好的统筹安排工作，把国民经济的各部门各地区联系在一个国家计划之内。这个工作异常艰巨细致，可谓千头万绪，错综复杂。若对实际经济情况了解得不够而要定出适当的指标，是很难的，势必在计划执行的过程中，产生一些前松后紧、时松时紧的不均衡现象。但要注意，虽然我们要正确地掌握国民经济按比例发展的规律，但是所定的比例，并不是呆板的公式，在不同的经济情况下，必然有程度不同的比例关系；只有根据实际需要和可能，进行反复的平衡计算，才能比较恰当地规定出国民经济各方面的比例关系，而且要在实践中加以修正补充。

在这一节中有下列突出两点，要再加以研究：

（甲）这个物资供应“跟不上”的毛病，有无补救的方法？

（乙）在我们这里，支配我们计划工作的是按比例发展规律，并不是价值规律，但是我们却要利用价值规律来达到供销平衡的目的，问题是如何利用它。

现在分两段加以说明。

（甲）物资供应和物资储备的平衡

这个“跟不上”的毛病，一部分可以用物资储备的方法来补救。在社会主义的建设中，尤其在经验不足的情况下，如上所说的建筑材料和设备的供应跟不上的现象，当然会时常发生的。这是由于没有全面地按照比例发展规律安排所致。因此，在基本建设方面，对于勘察、设计、供应设备和材料等各个环节的衔接注意得不够，因而在某些工地上经常发生停工待图、停工待料、赶工窝工等浪费现象。在计划执行过程中，也会产生一些前松后紧、时松时紧的不均衡现象。因此，我们必须保持必要的物资、财政、矿产资源、生产能力等的后备力量，特别要增加国家的物资储备，以保证国民经济的均衡发展和年度计划的顺利进行，并且还可以应付可能遇到的意外的困难。下列三个例子可以说清楚这一点。第一是煤炭工业。在计算煤炭需要量的时候，必须充分考虑到其他工业超计划发展的可能性大于煤炭工业超计划发展的可能性。因此，在规定煤炭工业的生产水平时，必须要保有一定的后备生产能力，并建立国家对煤炭的储备制度。在考虑到煤炭工业的建设规模时，必须使建设规模和对煤炭工业生产水平的要求相适应。同时，由于矿井的建设时期长，想在年度计划中用追加项目的办法，来解决已经形成的煤炭供不应求的极度紧张情况是不可能的。第二个例子是钢材、水泥、生铁等几种物资的生产。在过去，有些部门的平衡工作做得不够好，全面完成国家计划的思想还没有在实际工作中完全贯彻执行。即使平衡工作当时做得比较好，也可能由于难以预料的因素，又产生了新的不平衡。例如1954年农业的减产影响了某些工业生产，削减了基本建设，因而1955年的钢材、水泥、生铁等几种物资有些剩余，生产部门要求对外贸易部把这些剩余物资出口，以免积压并支持生产。今年初，社会主义高潮到来后，这几种物资又因需要激增而感到不够（感到跟不上），又要求对外贸易部把已经定了的出口计划中途变更。结果就可能影响对外合同的执行和国家对外的信誉，同时也影响基本工业建设进口计划的完成。假若当初把一时虚假现象的剩余物资留作物资后备，就不致有“跟不上”这样的现象发生。第三个例子是基本建设。几年来，在基本建设方面，已培养出了一支比较强大的建筑队伍，到1956年第一季度，全国建筑安装方面的职工总数已经达到一百四十一万人。他们经过实际工作的锻炼，掌握一些新的技术。过去许多只能适合于一般民用建筑的综合性的建筑公司，已成了各种专业的工程公司。因此，建筑施工部门出现了很多先进经验，建筑安装的速度不断地加快，工期就不断地缩短，劳动生产率大大地提高了。比如在电站建设方面，过去安装两台25 000千瓦的发电设备，从开工到第一台机组投入生产的时间是25个月；现在建设一个同样规模的电站，时间只用16到18个月。在煤矿建设方面，建设一个大型立井，在改进了施工方法之后，工期可以缩短半年到一年，但是设计工作、建筑材料和机器设备的生产，不能以同样的速度齐头并进，不能适应建筑施工的工期不断缩短的要求，这样就形成了许多基本建设计划中很不协调的情况，就是“跟不上”的情况。因而在某些工地上经常发生停工待图、停工待料、赶工窝工等浪费现象，甚至造成某些工程不能按期竣工的现象。这说明了制定国民经济计划是一件非常艰巨细致的工作。在初期缺乏经验的情况下，缺点是很难避免的。以后经验越来越丰富，研究越来越深刻，计划工作必定越来越准确。这是无可怀疑的。在目前可以用后备力量来弥补这些缺点。因此冶金工业部今年在提出正式建设工程项目的同时，又提出了一批后备工程项目。目的是为了在原计划中某些工程不能按计划进行的时候，可以用后备工程去代替它。对于有些由于设计和设备的原因，确实不能按原计划的时间进行建设的工程项目，准备加以削减或推迟，而把那些条件具备的后备工程项目，转入正式计划。这样就可能减少材料、设备、设计和施工之间不相协调的困难，并可使基本建设比较顺利地进行，同时又保证完成1956年基本建设总的工作量。

（乙）商品生产和商品分配的平衡（供销平衡）

在这里让我来谈谈我们如何利用价值规律来达到供销平衡的目的。近来，各地干部和职工纷纷向财政部去信，问为什么不采取每年普遍降低工业品价格的方针，而采取基本稳定工业品价格的方针？主要原因是在于普遍降低工业品价格的条件，客观上还不存在。因为我们化学工业尤其是有机化学工业还不发达，轻工业品不能不受着农业原料的限制。除了极少数工业品以外，不是供过于求，乃是供不应求。在这种情况下，如果采取普遍降低工业品价格的方针，势必发生严重的脱销现象，其结果不是被迫重新提高价格，便是人民买不到东西，出现黑市，破坏物价制度；或者国家被迫增加消费部分资金的比例，减少积累部分资金的比例，这样做势必妨碍重工业建设的速度，打破积累与消费的平衡。归根到底，降价是一句空话。1953 年曾一度降价出售，结果许多商品发生脱销，不得不重新提高价格。这是我们宝贵的教训。

刺激生产来改善人民的生活确有两种方法：一种是各地干部和职工同志所提出的降价多销；另一种是增加职工工资和适当地提高某些农副产品的收购价格。采用哪一种方法，要看当时的具体情况而定。原料足，设备够，可以保证生产充分的商品，则采用第一种方法是应该的。反之，如果原料不足，设备一时难以扩大，不能保证供应充分的商品，只能采用第二种方法。若不顾一切条件，盲目地降低物价，结果不是降价多销，乃是降价脱销。几年来，我国人民的购买力提高了，市场上商品的供应还能大体上适应市场的需要，工业品市场基本上没有黑市，除了个别供不应求的副食品以外，基本上没有抢购的现象。这充分地说明了政府所采取的基本稳定工业品价格的方针是正确的。这也充分地说明了商品的生产和商品的分配，在稳定的商品价格之下，是平衡的。在这里，可以看出我们如何利用价值规律来为社会主义建设服务。这里的降价抬价是人为的，并非像在资本主义国家内，价格自动的升降来支配生产的增减；在我们这里不但价格不能支配生产的增减，而价格自己反受人的支配，我们无非利用价格来维持商品生产和商品分配的平衡而已。谁都知道，我们的社会主义国营企业所生产出来的各种消费品，必须经过买卖方式才能到达消费者手中。有买卖，必有货币；有货币，必有物价。而人定的物价定得合理不合理，可以决定买卖的成立不成立，生产与分配平衡不平衡，同时也可以决定商品的积压还是脱销。

十一、结尾

我在上一节中已说过，国民经济的各个方面、各个部门、各个地区，是一个有机地结合着的整体。我们要做好计划工作，必须首先掌握按比例发展的规律，而后按此规律，使重点和全面相结合。只顾重点，忽视其他的孤立主义思想是错误的；强调若干方面、若干地区，忽视其他方面、其他地区也是错误的，是违反按比例发展规律的。我在这篇论文中，因限于篇幅，只谈到几个环节，没有谈到每个环节中的各方面。例如工业是一个环节，这个环节中的各方面也应该谈到，才得称为全面综合平衡理论。工业除重工业和轻工业一个方面之外，还有沿海工业和内地工业间的平衡、原有工业和新建工业间的平衡、原料工业和加工工业间的平衡、建设规模和地质资源间的平衡、大型工业和中小型工业间的平衡、中央工业和地方工业间的平衡、国营工业和公私合营工业间的平衡，等等，因限于篇幅，在这里不谈了，拟另作一文加以详细讨论。

（原载 1956 年 12 月 28、29 日《人民日报》）

联系中国实际来再谈谈综合平衡理论和按比例发展规律

我在上篇论文的结尾中曾说："因限于篇幅，只谈到几个环节，没有谈到每个环节中的各方面。例如，工业是一个环节，这个环节中的各方面也应该谈谈，才得称为全面综合平衡理论。工业除重工业和轻工业一个方面之外，还有沿海工业和内地工业间的平衡、原有工业和新建工业间的平衡、原料工业和加工工业间的平衡、中央工业和地方工业间的平衡、大型工业和中小型工业间的平衡，等等，因限于篇幅，在这里不谈了，拟另作一文加以详细讨论。"兹为完成任务，仍用团团转的方法，写成此篇如下：

一、重工业和轻工业间的平衡

我在上篇已经讲过重工业和轻工业的平衡，在这里，我只把上篇没有谈过的而和这篇有密切关系的一点提出来谈一谈。随着工业生产和基本建设规模的扩大，每年需要的钢铁数量、种类是庞大的和繁多的，必须保证满足这种需要，才能使我国工业顺利发展，我们是否可以依靠从国外进口钢材来发展我国的工业呢？显然这条道路是行不通的。因为主要依靠从外国进口钢铁，不仅不能建设起独立的强大工业，而且大量进口钢材也是不可能的。

这一点可以用以下的事实证明：1955 年美国生产了 10 600 多万吨钢，国内消费了 95%，仅有 5% 钢材出口（不包括机器的出口）；英国生产了 2 000 万吨钢，出口的只有 10% 左右，而且主要是输往英属地、英国资本统治的国家以及英国享有优惠待遇的石油开采国家；西德输出钢材的数量也不多。再看社会主义阵营，1955 年社会主义各国总共生产了 6 000 多万吨钢，其中苏联生产 4 500 万吨。但不管苏联也好，其他兄弟国家也好，都感到钢铁不敷需要。由此可见，要想依靠从国外进口大量钢铁来解决我国工业化的需要是有困难的。民主国家和苏联，虽然愿意对我们作兄弟般和善意的热情帮助，但他们正在忙于建设他们的社会主义社会和共产主义社会，加多了他们的钢铁输出量，就会推迟他们的社会主义建设进度，这对加强整个社会主义民主阵营力量的意义来讲是没有好处的，只有在不得已的时候才采用这个办法，并只限于少数的优质钢材和特种钢材。我国是社会主义大家庭中的一员，为了使整个社会主义阵营更加繁荣，为了使社会主义阵营拥有更多的金属，我们就必须坚决执行中央所提出的大力发展钢铁工业的方针，迅速提高我国钢铁工业的生产水平。我们在第一个五年计划期中，采取了“集中较大的财力和人力来建设钢铁工业，以求能够用较短的时间建立起我国工业化的基础”的方针。在第二个五年计划中，仍然采取大力发展钢铁工业的方针。在钢铁工业的基础上，还要很快地建立起自己必要的机器制造工业、冶金工业以及其他有关的重工业，不然的话，我们用什么东西去装备轻工业、运输业、建筑业和农业呢？我们就将得不到必要的各种机器，得不到必要的钢材和水泥，得不到必要的电力和燃料，我们的国民经济就将长时期陷于落后的境地。很明显，我们决不能那样做。因此，以重工业为中心的社会主义工业建设的方针是正确的。所以今年（1957 年）基本建设的规模仍然很大。基本建设投资要占今年全国财政收入的三分之一以上。几百个限额以上的巨大工程，像武汉、包头、鞍山三个钢铁工业基地，吉林化学肥料厂、抚顺东露天煤矿、兰州炼油厂、富拉尔基和太原的重型机器厂等，将要继续施工。如果完成这个计划，第一个五年计划内的基本建设任务，就将超额完成。

但我们亦不能片面地强调发展重工业而降低轻工业和其他经济部门发展的重要性。我们应了解，人民对于消费品的需要既然日益增长，如果不相应地发展轻工业，就很可能出现商品特别缺乏的情况，就将影响物价和市场的稳定。特别是在农村中，如果没有足够数量的工业产品以稳定的合理的价格去交换农产品，就可能妨碍工农联盟的巩固，并且就可能影响农业生产的发展。

至于轻重工业如何达到平衡，它们的比例按 8∶1 规定呢，还是按 7∶1 规定呢？我在上篇论文中已讲得很多，兹不赘。上篇论文也谈到轻工业如何以赚来的资金来供给重工业。

二、原有工业和新建工业的平衡

（甲）在轻工业方面

原有工业和新建工业的正确关系，应该是在增加生产适应社会需要的时候，首先考虑发挥原有工业的生产潜力。在第一个五年计划期间，轻工业生产大约有 90% 是依靠原有工业的，而在全国轻工业的产值中，属于原私营工业和手工业生产的，大约占 60% 以上。现在绝大部分私营工业已经实现了公私合营，手工业已经实现了合作化。如果在这个基础上，进行必要的生产改组、企业改革和技术改造，那就一定能够发挥出巨大的生产潜力。发挥原有工业的生产潜力，不仅要加强生产管理和平衡设备工作，而且也要包括必要和可能的改建、扩建在内，因为对原有工业进行改建、扩建，比起新建来，毕竟是投资少，建设快，收效大，还可以节约技术人员和管理干部。就是新建工业，也需要原有工业的支援。因此，任何忽视原有工业的思想都是错误的。苏联经济建设中的经验，就是很好的证明。苏联在实行第五个五年计划期间，工业方面虽然动用新的生产能力的计划，并没有完成，但是由于发挥原有企业的生产潜力的结果，主要工业部门的生产计划都是超额完成的，苏联第六个五年计划期内，重要工业产品产量的增长额中，依靠原有企业发挥生产潜力，而增产部分的比例为：钢、精铜、锌、挖土机、电机车等产品占40%以上，镍烧碱、水轮机、金属切削机床、汽车、拖拉机、窗用玻璃、纸张、糖等产品则分别占到50%到60%以上。由此可见，原有工业企业在国家建设事业中的重要作用，是不容忽视的。即使对那些技术设备和经营管理比较落后的我国原有企业，也不能采取消极态度。但这不是说，我们重视原有工业就可以忽视新建工业，因为当原有工业的生产潜力已经得到充分发挥而仍然不能满足社会需要的时候，那就必须进行新建。

据纺织工业部负责人的报告，这里的老工厂的设备利用率已经相当紧张，再没有什么潜力可以发挥，因此，在第一个五年计划期间，我们对纺织、造纸、制糖、制药等工业，已经进行了一部分新建，因此在第二个五年计划期间，轻工业的基本建设任务，将比第一个五年计划加重很多，轻工业的投资占工业投资的比重，也应该比第一个五年计划的12%左右有所提高。

在第二个五年计划期间，还应该适当地增加毛、麻、丝等纺织工业的比重。人造纤维工业是一个新兴的纺织工业部分，世界各国都发展很快，在某些纺织工业比较发达的国家，人造纤维约占它们各种纤维总产量的30%至35%，但目前在我国还在试验阶段，必须努力赶上。我国木浆产量虽然不多，但棉绒资源是很丰富的，这是发展人造纤维工业的有利条件。在第二个五年计划期间，应当为发展人造纤维工业打下基础。

（乙）在重工业方面

在重工业方面，问题稍有不同，轻工业所需的是新厂的建设，而重工业所亟迫需要的是旧厂的改建。数年来钢铁工业在采用新技术方面，由于学习苏联先进经验的结果，取得了很大的成绩。1956年有些技术经济指标如高炉已接近苏联1955年的水平。新建的钢铁企业都是采用了苏联的最新的技术装备，这将为生产技术达到世界先进水平创造有利条件。但新建新的钢铁基地，虽然是一种基本的办法，但是由于建设时间长，投资大，而且不能立时生效，所以不能用来救急，而是一种长远的计划。虽然今年武汉、包头、鞍山三个钢铁工业基地仍然继续施工，但欲达到投资少，建设快，可以立时见效即可以立时用来救急的目的，只有就旧厂来发掘潜力，故今日的问题在于改建还没有经过技术改造的旧厂，这些旧厂设备简陋陈旧，厂房狭小，运输和劳动条件差。几年来政府对旧厂已花了相当数量的投资，但大部分用于扩大个别生产设备的能力。对于系统改造、投资分配也缺少系统的规划，因此，旧厂的设备仍然很落后，生产条件很差，产品的质量和新技术的采用受了很大的限制。新厂和旧厂之间显然有不平衡的现象。有的旧钢铁厂，仍以煤为加热燃料，以致钢锭钢材加热不匀，温度比用电力或煤气难于控制，影响产品质量。计量和生产过程控制的仪表都很缺少，机械化的程度很差，更谈不到操作的自动化。有的旧钢厂没有称钢液重量的磅秤，凭工人爬上盛钢桶用钢条来睬测钢液面的高低。在采用氧气炼钢、真空浇注等新技术，则缺乏大型的氧气机和真空泵。厂房的布置和劳动条件很差，说明现在旧厂需要进行技术改造，增添设备，为采用新技术创造条件，使新旧厂得以比较地平衡发展。但这只可以说是一种救急的办法，用这种办法来挖掘潜力，到底有限，不能得到大量的增产。因此根本的解决办法是新建大规模的钢铁企业，因此政府决定武汉、包头、鞍山三个钢铁（详第八节）工业基地今年（1957 年）将继续施工的做法是正确的。

三、沿海工业和内地工业的平衡

（甲）工业重点逐步移向内地

我国原有的轻工业虽有一部分分散在内地，但大部分集中在沿海地区。如何看待这些沿海工业成为争论最多的问题。这反映了旧中国工业分布的不合理，是一种畸形的现象，致使我国整个国民经济不能得到平衡的发展。国民经济不能得到平衡的发展，则综合平衡理论亦无从谈起。我国原有工业的分布状况反映了我国过去的半封建半殖民地的状况。据 1952 年的统计，沿海七省三市的工业总产值，约占全国工业总产值的 73%；在重工业方面，以钢铁工业为例，大约有 80% 以上的生产能力分布在沿海，主要是在鞍钢，而在资源非常丰富而尚未勘探开发的内蒙古、西北、西南、华中等地却几乎没有什么钢铁工业。在轻工业方面，以纺织工业为例，也有 80% 的纱锭和 90% 的布机分布在沿海，而在广大的产棉区和内地却很少纺织工厂。其他轻重工业的分布情况，大致也是如此。为了改变这种旧中国所遗留下来的不合理的分布状况，为了建立我国完整的工业体系，就需要集中主要力量来在内地建设新的工业基地，以便经过几个五年计划的建设来合理地分布工业生产力。这就成为有计划地发展我国国民经济的重要任务之一。因此，我们在第一个五年计划期间，已经把工业重点逐步移向内地，使工业企业接近自然资源，使工业的布局适合于资源和国防的条件，在内蒙古等地有计划地建设新的工业基地，促进少数民族地区经济和文化的发展。在第一个五年计划前四年中，新工业城市的建设进展很快，许多古老的都市变得年轻而繁荣，旧社会遗留下来的不合理的状况正在改观。我国第一个钢铁基地鞍山，已经发展成为远东最大的钢铁城市之一。我国内地的太原、西安、兰州、包头、洛阳、汉口等地，正在建成新的工业城市。在这些过去几乎没有工业或工业不多的地方，新的钢铁联合企业，巨大的炼油厂，重型机械厂和发电站，以及纺织和制糖等工厂，有的已经建成，有的正在建设。这些城市的人口增加了很多，工业生产也在不断上升。

（乙）同时充分利用沿海各省的工业

周恩来同志在他的关于第二个五年计划的建议的报告中说："在第二个五年计划期间，必须继续进行华中和内蒙古两地区以钢铁工业为中心的工业基地的建设，积极进行西南、西北和三门峡周围等地区以钢铁工业和大型水电站为中心的新工业基地的建设，继续进行新疆地区石油工业和有色金属工业的建设，并且加强西藏地区的地质工作，为发展西藏的工业准备条件。"但这绝不是说可以否认或者忽视沿海各省的工业的作用。我们应该充分利用沿海各省的有利条件，继续适当地发展那里的工业，以帮助内地工业的发展，加速全国的工业化。这不但是为了适应国家和人民日益增长的需要，而且也正是为了在内地建立更强大的工业基地。因此，周恩来同志又在报告中建议：“在第二个五年计划期间，应该继续加强东北的工业基地，充分利用和适当加强华东、华北、华南各地区近海城市的工业，以发挥它们在国家建设中的作用。”在第一个五年计划期间，辽宁、上海、天津等地已经发挥了显著的作用。如上海过去几年来输送了大量技术人员、熟练工人支援各地建设，亦培养了一定数量的技工，今后当然还要发挥它的作用。可是为了向科学进军，城市青年已经大部就学，培养人才的来源感到缺乏。政府过去为了防止影响农业生产，曾作出了劝止农民盲目流入城市的指示，这在当时是完全必要的。在新形势之下，为了培养技工的需要，似应有计划地招收农村青年，加以培养，使得城市既可以输送干部支援国家建设，又可以补充新的力量，满足生产上的需要。同时，几年来，像上海的技术人员抽得很多，补得太少，大专毕业学生分配到上海的寥寥可数（特别是电机、机械方面），这对发挥沿海工业基地的作用有一定程度的影响。有人说：“中央有的部门，对老厂、老地区要得多，给得少，对技术人员抽得多，大中学生补得少。”这种做法不是在适当增强和积极发展的基础上来利用它，而是实际上削弱它。今后，在技术力量的培训调配工作上，在内地新厂进行基本建设的同时，可以先将配给内地新厂的大部分干部和技术人员，放到同类型的沿海老厂中去实习，在内地新厂建成时，需要的干部和工人就可以大部分在沿海老厂中统一调配。采取这种做法，有利于内地新厂尽速投入生产。上海的工业界领袖们切盼中央主管部门能够对此事加以注意。在 1956 年全国人民代表大会上，李先念副总理的报告中提到为了适应经济发展的需要，将要大量培养熟练工人，1956 年十七个部的计划就将达到 71 万人，这是十分令人兴奋的事。沿海工业不仅每年输送出去大量的技术人员，为内地新工厂培养熟练工人，而且也为内地新工厂积累资金。以上海为例。目前上海供应了全国纱布需要量的三分之一，和日用百货的 60%，在新产品、新技术方面也起了积极的带头作用，并为国家积累了大量资金。由此可见，发挥沿海地区的工业潜力，不仅和发展内地工业不相矛盾，而且还会促进内地工业的发展。当然沿海工业中的某些行业，由于集中程度较大，远离原料产地和销售市场是存在着某些不合理因素的。要改变这种情况，不能简单地用“限产”的办法，一般也不能用“迁厂”的办法，而应该随着生产的发展，在充分地合理地发挥了沿海地区工业的生产潜力以后，如果还需要新建工厂，除少数必须建在沿海地区外，一般应该建在内地，以减少原料和产品的相向运输。在对沿海工厂进行改建扩建的时候，也需要考虑到不要造成新的不合理。这是发挥沿海和内地积极因素的正确办法。

（丙）改建和扩建沿海各省的工业

以上所谓不要造成新的不合理，就是要避免盲目性，这种盲目性往往表现在新建改建和扩建的时候。就是改建那些有必要也有可能改建的企业，而不是改建一切原有企业。在工业企业已经比较多的城市，一般应该少建新的企业。新建和改建的企业，必须注意到原料的来源、产品的销售、生产的技术和运输等条件，并且注意同其他地区的合理分工。

在基本建设方面，在沿海地区有不少的重工业或轻工业企业，可以结合这些地区的社会主义改造和生产改组，来进行适当的改建。这种改建，不仅不会妨碍全国范围内以重工业为中心的新的工业基地的建设，而且可以支持、配合新工业基地的建设和补充内地新工业建设的不足。因为在这些地区，进行适当的改建，一般都具有下列几个有利条件：（1）在技术力量和技术经验方面，比较有基础；（2）在运输、电力供应以及和各方面的协作上都比较方便；（3）有原有城市的直接支持和帮助。因此，在这些地区进行改建，投资上比较节省，见效也比较迅速，又可以及时地满足国家和人民的迫切需要。以上海的情况为例：第一机械工业部和计划委员会在 1956 年春季共同组织的工作组去上海研究后，建议改建 22 个地方国营和公私合营的机电工厂。改建这 22 个工厂，初步核算只需要投资 4 200 多万元，而改建完成后每年的产值则可达到 22 000 万元，差不多一年就可以将全部投资收回。收回投资后，即可为新企业积累资金。列入工作组改建工厂方案中的上海中华铁工厂，按照目前的厂房和设备，每年可以制造日产量为 50 吨的造纸机两套，经过投资 500 万元扩建后，每年就可以制造日产量为 50 吨的造纸机八套。这种造纸机，价格比国外进口的便宜，既解决了国家的需要，又节省了外汇。像这样的例子，在其他行业、其他沿海城市都有。但过去由于对充分合理地利用沿海原有的工业基础这点认识不足，顾虑较多，同内地建设的结合不够，因之，就还没有更积极地去加以规划和利用。在今后一两年内，这方面还要进行研究，采取措施，使沿海的改建和内地的建设更合理地结合起来，适当安排，而且要安排得好，就要注意在地区、规模、品种、数量、时间等各方面都要使沿海和内地相平衡，这样才能避免盲目发展。下一节要举出几个例子说明这一点。

原有沿海工业的重要作用，不仅仅在第一个五年计划期间是存在的，就是在今后长期计划期间也是存在的。因为不论在任何时候，新的内地工业建设都得依靠原有沿海企业更好地发挥生产潜力，为建设内地新企业供给技术人才，积累资金和供应设备。

四、工业建设和城市建设之间的平衡

以上说明原有工业基础的沿海城市，必须充分利用，以发掘其生产潜力，而且还应当结合这些地区的社会主义改造和生产改组，进行不少企业的适当的改建。这样，沿海工业改建的具体方针，关系着城市本身规划的性质。因为对沿海工业生产企业进行利用、发掘和改建，则同它密切相关的城市建设（城市公用事业），也必然要进行相应的利用、发掘和改建。周恩来同志在他的第二个五年计划的建议的报告中也说："随着工业生产力的合理分布，我们将要建设许多新的城市和扩建许多原有的城市，为此，应该加强城市的规划工作和建设工作，求得同工业建设相配合。"这个配合工作一般来说，做得很好，我们在第三节甲项中已经说过：在我国第一个五年计划前四年中，新工业城市的建设进展很快，许多古老的都市变得年轻而繁荣，旧社会遗留下来的不合理的状况正在改观云云。但这是在全国范围内一般的情形。若以个别城市的情形来讲，尚有不能令人十分满意的地方。上海、大连等沿海城市的情形比较严重，但吉林的情形更为严重。现在先以上海的城市公用事业为例。由于解放前一百多年帝国主义和国民党反动派的长期血腥统治，它们为了满足掠夺剥削和荒淫享乐的需要，多少建立了一些基础，但那是一个混乱的割裂的畸形的残旧的不平衡的基础，是一个极不合理的基础。城市的建立和改建主要是为了发展工业生产，同时也为劳动人民供给良好的居住、劳动、教育、交通和文娱游乐条件。那就是社会主义城市的市政建设，应采取首先为生产服务，为劳动人民服务的方针。但一看若干城市今日的情况，不能不令人格外注意的，至少有三件事：（1）职工住宅严重缺乏；（2）环境卫生尚待改进；（3）交通非常拥挤。

以职工住宅来说，以旅大市为例。旅大市不仅是一个沿海工业城市，也是一个国防前哨。工业主要集中在甘井子、沙河口两个区。房屋及其他公共设施大部分是敌伪统治时期修建的。城市建设的布局，可以说已经基本上定型。各种公共设施具有一定程度的现代化规模，但多集中在日本人曾经居住的地区，很少分布到中国劳动人民聚居的地方。在敌伪统治时期，中国职工长年住在破漏潮湿阴暗的小房里，拥挤不堪，并且有许多职工住处离工厂很远，有的住处与工厂相距数十里，往返不便。旅大解放后，先后进行了三次规模较大的住宅调整工作，将居住条件极端恶劣的居民搬进了居住条件较好的房屋。但由于解放后，国民经济的恢复与发展很快，城市人口逐年增加，特别是甘井子工业区的发展更为迅速，因而住宅的需求与供应之间的矛盾，仍然有增无减。截至1956年3月底统计，尚有11 000余户职工无房居住。他们中间，有些人把家属安置在旅馆、招待所、工厂、办公室里，有许多同妻子分居，分别住在集体宿舍或亲友家里，老少三辈或两三户挤居在一个房间的也不少，住在仓库、澡堂、地下室、厨房等处终年不见阳光的则更多。至于因准备结婚或想接来家眷而申请用房的更是逐年增加。许多职工住处离工厂过远，有些工人甚至往返需要三小时。这样不是使职工留厂时间缩短，影响职工学习文化技术和参加必要的会议，就势必使职工难以保持足够的休息时间而影响健康。据不完全统计，有15 000余户尚有待于继续调整迁移。其中离市中心十几公里的甘井子工业区职工，需调整迁至甘井子区附近居住的即有3 700余户。市区的边沿地方还有6 000余户职工与居民住在破漏的木板房里，也必须逐步地把他们迁至别处。近几年每年都从房地产租金收入中拿出相当一部分资金整修房屋，并挤出一部分资金，新建一些职工宿舍。但在全市范围内要彻底解决缺房的问题，还需要经过相当长的时期，积聚相当多的一笔资金才能办到。当地政府推算到1967年大连建成区，人口将由1955年底667 000人增加到720 000人。在这期间，总计需要投资12 000余万元。这样多的资金，单纯依靠地方的房地产租金收入显然是不能解决问题的，大部分还有赖于中央和省在投资上给予援助。似应快快把中央与地方财政职权划清，以便地方积极努力筹集资金，争取提早解决住宅的需要和供应之间的矛盾。大连还是沿海城市，至于内地城市，则工业建设和城市建设间的脱节现象更为严重。

以环境卫生安全秩序来说，最近四年来国家共拨出了十亿多元资金来建设城市公用事业。全国总共建设了38个自来水厂，铺设了2 000多公里长的自来水管线。11个从前没有自来水的城市，现在有了自来水。全国用自来水的人数增加了800多万。我国的历史名城西安，自古以来食用的苦水已经被自来水代替。黄河之畔的古城兰州，世世代代都是食用混浊的黄河河水，现在有了临时的自来水了。在过去的四年内，全国修建的下水道，共有2 000公里长，15个原无下水道的城市修建了下水道。这些建设结果，使我国的城市卫生有了很大的改善。但是个别城市和不少地区的环境卫生仍然很差。

以城市的交通事业来说，城市的公共交通事业，近四年来也有很大发展。全国现在52个城市有公共汽车和电车，共增加了

1 500多辆汽车，200 多辆电车。兰州等城市还修建了环行铁路。许多城市开拓了新路，修整了旧路。只是修建的柏油路、石子路或混凝土路就有 3 600 多公里。北京等城市还改善了郊区农民和小巷内居民的交通条件。这是在全国范围内城市交通发展一般的情况。但以个别主要城市来说，则与城市居民的要求还是有相当的距离。

以上这些例子足以证明一个要点，就是工业改建和扩建一定要和现代化的城市建设同时进行，以求得两者平衡发展。一个现代化工业城市，应该有现代化的交通工具。在现代化交通运输工具没有代替落后交通工具以前，落后交通工具终究比“两脚走路”“两肩挑担”先进得多。

五、工业企业和运输企业间的平衡

我们举上海为例，那里交通运输拥挤的情形，影响到城市居民的生活，而上海港的阻塞且影响到许多地区的物资供应和进出口贸易，不仅影响到上海一市的居民生活而已。入川物资积压，使四川各地市场脱销，影响着四川人民的生活。目前全国不少地区已经出现了物资积压，港口、车站阻塞的现象。这和过去局部的季节性的运输紧张情况有所不同，而是带有普遍性与连续性的。1956 年下半年，沿海、长江和河北、山东内河即有 270 万吨货物无力承运，全国运输缺少大量汽车。这个运输阻塞已经影响到政治、经济、人民生活各个方面。例如，克拉玛依和柴达木油区，许多急需的物资运不进去，威胁着勘探工作的进行；鞍钢和包头等钢铁工业基地，由于矿砂和器材供应不及时，影响到钢铁生产和基本建设。

运输阻塞的原因，大半是由于运量增长的快和运力增长的慢，造成发展上不平衡所致。如以1956年同1952年比较：海运货物周转量增长151%，船舶吨位仅增加22%；长江货物周转量增长258%，船舶吨位增加157%。汽车货物周转量1955年比1952年增长270%，而运力（汽车总吨数）仅增加33.9%。足见交通建设远远落后于客观实际需要，仅仅依靠发挥各种运输工具和设备的潜力，不能解决运输阻塞的问题。因此这个问题要从两方面着手：一方面固然要充分发挥现有运输设备潜力，最大限度的完成运输任务；一方面还要加速交通建设，增加运输设备，保持与工农业发展相适应的比例。在发挥潜力方面，全国广大农民在农业合作化后修建了很多简易公路。在航务工程中，我们修建了厦门海堤，扩建了黄浦港与连云港，提前修建使用了塘沽新港。川江航道已经初步进行了整治，建设了新式航标，有名的川江天险已经实行夜航。在交通新建方面，广大军民职工积极参加了交通建设工作，前后恢复和新建10万公里公路，加上解放初期全国75 000公里，共有通车里程18万公里。其中主要的有通往西藏的两条具有巨大政治、经济意义的康藏、青藏公路，和福建、海南岛等公路。完全近代化的湛江港和长江下游的裕溪口港目前正在建设中，今年夏季可以完工。这样在汽车运输和船舶港口工作效力方面已经大大提高，1955年汽车的运输效率较1952年提高了127%，成本降低了27%；1955年的海船运输效率比1952年提高了37.8%，长江拖轮提高了244.7%，海港装卸效率提高了71%，水运成本降低40%，运价降低30%。这样虽然公路、水运事业均有了一些发展，但与工农业生产发展的速度比较起来，仍然是不相适应的。

但政府对于水运是十分注意的，水运是最经济的运输，成本低，运量大，节约钢材，所以政府建设了湛江商港。这个商港建设是一项大工程，技术复杂，在中国历史上以自己的技术力量建筑这样一个现代化的海港还是第一次。这个海港的第一期工程任务完成以后，按照设计任务，吞吐能力将达到160万吨；可使吃水8.9公尺的万吨远洋海轮进港，基本上用机械进行货物装卸作业。大家知道湛江商港是我国南部海岸的一个良好的深水港口，对于发展国际贸易特别是对发展东南亚各国贸易有重大的意义和作用。和平共处五项原则已为很多的国家尤其是东南亚国家所接受，国际局势趋于和缓，估计到今后对外贸易更加频繁，为国家积累资金，并输入生产资料（详上篇进出口贸易平衡一节），因此大大地发挥湛江商港效用的政策是正确的。交通部计划今后按照460万吨要求继续进行建设。

六、中央工业和地方工业的平衡

以上各节所谈的各种工业企业，无论在沿海各省或在内地，无论是改造的旧厂或新建的新厂（无论是工业企业或运输企业），在中华人民共和国成立以后，为了实现和巩固国家的统一，都集中到中央行政管理职权之内，这在当时是完全必要的。但是近几年来，中央管理的事务有些过多。刘少奇同志在“八大”政治报告中说，中央有些部门把过多的事务抓到自己手里，对地方限制得过多过死，忽视地方的特殊情况和特殊条件，既不利于地方的工作，也分散了中央的精力，发展了官僚主义云云。又如我们在第五节中所讲的，交通运输事业具有复杂、多样、分散的特点，中央和地方、上层和下层之间的分工问题也比较多，应该很好地分级管理事业和企业。巨大的交通运输计划的进行，固然有赖于国家力量的支持和领导，尤其要依靠地方和人民群众的积极性和创造性（如全国广大农民修建了简易公路；山东沿海渔民把大型的木帆船加上马达改为机帆船，提高了载重量和速度；上海港在地方主持下，初步调整了各部门在港区的仓库，对解除上海港的阻塞起了很大作用）。这样才能使未来的远景很快地成为现实。中国各地经济状况不一样，国家领导建设既应争取集中，又需因地制宜，发挥地方灵活性。妥善解决中央和地方的分工，就是改进国家体制问题。过去中国历史上从来没有解决过这个问题，但是在社会主义制度下可以解决的。国务院召开的体制会议，要改进现行的计划体制、财务体制，使上面集中精力，加强领导全面规划，下面也能根据既定的方针政策全力进行工作。但现在的情况不和这个原则相符合。

过去，由于中央对计划指标的掌握有过多过繁的地方，这就多少束缚了地方的主动性。有时，在国家计划下达以后，由于实际情况发生变化，有些计划指标，如工业计划、商业计划中的分经济类型指标和分季指标需要调整时，地方机关不能自行调整，必须报请国务院批准，这样就影响了有些经济问题的及时解决，给地方机关的工作带来了困难。我们必须认识到，一方面，我国国民经济情况比较复杂，特别是在过渡时期中，由于国家对农业、手工业、资本主义工商业进行社会主义改造，各种经济成分的比重的变化是很快的；另一方面，我国的幅员广阔，各个地区的经济发展情况和资源情况，都有很大的不同，中央还不可能对各个地区的情况掌握得很准确，因此，国家也不可能对各项计划指标不分主次地都采取严格控制的办法，而必须允许地方在国家统一的计划的指导下，保持必要的灵活性。只有这样，才能发展地方积极性和主动性，保证国家计划的完成。例如，以粮食生产计划来说，中央只掌握了根据全国平衡所确定的总产量指标。地方为了完成这一指标，可以根据不同的情况采取不同的办法来保证总产量指标的完成。这样既发挥了地方的积极性，也保证了国家计划的统一性。若不分主次地把种种计划都掌握在国家手里，实际上，不但不能加强计划的指导作用，而且削弱了计划的指导作用。

（甲）应划归地方行政职权内的各项事业

刘少奇同志在“八大”政治报告中说：“不可能设想：在我们这样大的国家中，中央能够把国家的各种事务都包揽起来，而且样样办好。把一部分行政管理职权分给地方，是完全必要的。国家的很多工作，例如农业、小型和中型的工业、地方的运输事业、地方的商业、中小学教育、地方的卫生事业和地方的财政等等，中央只应当提出一般的方针政策和大体的规划，具体工作应当交由地方因地制宜、因时制宜地去部署办理，并且应当把中央机关的干部分一部分到地方去工作。”例如1957年地方的基本建设，有许多是为供应中央各工业部门必需的物资而建设的。比如小煤窑、土铁厂、小的肥料厂等，都要依靠地方去兴建，特别是有一部分投资同增加农业生产有重大关系的（如水利建设等）更需要由地方兴办。因此虽然地方投资已经大大超过第一个五年计划所规定的比例，1957年在这方面仍然将保持同去年差不多的投资额。现在中央正在同地方共同研究和拟定具体方案，准备逐步加以实行。在这个具体方案中，计划体制的分级管理问题可以得到解决，因为，为了保证国家计划的统一性同发挥地方的积极性相结合的原则的贯彻执行，必须对国家当前的事业体制、计划体制和财政体制进一步研究和解决。

（乙）计划体制上的分级管理

在计划体制上依李富春同志的意见，就需要实行分级管理。分级管理的原则是既要照顾到集中统一，又要照顾到因地制宜。凡需要全国统一平衡的各项重要指标，由国家计划委员会、国家经济委员会综合平衡，并报国务院批准后列入国家计划，由国务院统一下达。地方性的局部性的属于地区平衡或者各部门自行平衡的各项指标，则由各省（市）、自治区或各部门因事因地制宜地自行平衡和安排，同时应报国务院备案，以便经过综合，纳入国家计划。其他许多次要的，种类繁多而情况又不易掌握，因而无法一一纳入国家计划的指标，则由地方或者各基层单位自行安排，国家只从大的方面加以筹划，并从价格政策供销关系上加以调节。凡纳入国家计划中的各项指标，可以分为三种，即指令性的指标、可以调整的指标和参考性的指标。各地区和各部门如要修改指令性的指标，必须经国务院批准；可以调整的指标，则可以在国务院规定的一定范围、一定幅度内自由调整。适应上述办法、计划和统计工作的制度、程序和表格中某些已经过时的，不适当的规定，应该尽快地研究修改。

七、大型和中小型工业的平衡

上节提及刘少奇同志在政治报告中把大型工业仍归中央办理，把小型和中型工业交由地方因地因时制宜地去部署办理，并且把中央机关的干部分一部分到地方去工作。因此在这里有讨论大型和中小型工业的平衡问题之必要。大型企业是我国工业体系的骨干，这是必不可少的。但是为了配合大型企业的建设和生产，为了加速工业的发展，加强工业的协作，增加产品的品种，为了便于充分利用资源，充分利用原有企业，特别是公私合营企业，必须在建设大型企业的同时有计划地新建改建和利用中小型企业。因此我们在第一个五年计划期间已经开工建设，和在第二个五年计划期间将要开工建设的许多规模巨大的工业企业，这就是组成我国完整的工业体系的骨干，同时辅以许许多多中小型企业，其好处是在于在较短的时间内，能够增产更多的工业品，满足国家建设和人民生活的需要。我们现在来详细讨论一下：

（甲）关于企业规模大小的争论

关于大型和中小型工业有两种不同的相反的意见，有的认为建设大型工业企业在经济上和技术上比较合理，因此主张多建大型企业，少建中小型企业。又有的因为建设中小型企业需要的时间较短，发挥投资的效果较快，主张多建中小型企业，少建大型企业。周恩来同志在他的第二个五年计划建议的报告中，认为不能一概而论，他认为，某些工业部门和在某种条件下，建设大型企业是合理的，而另一些工业部门和在另一种条件下建设中小型企业就比较合理。在每一类企业中，一般说都应该有一些大型的企业作为骨干，又应该有许多中小型企业来配合。在进行大型企业和中小型企业建设的时候，为了达到既能于近期内迅速发挥投资效果，又能干远期内在经济上、技术上更为合理的配合，凡是有必要也有可能分期建设的大型企业，可以考虑分期进行建设；凡是资源有余，并且有其他条件的中小型企业，可以进行全面规划，为以后的发展预做准备。同时在规划中小型企业同大型企业相配合的时候，应该首先利用国营和公私合营的原有中小型企业和手工业，以发挥他们的生产潜力。

（乙）中小型工业有利的方面

工业、手工业、农业副产品和商业的很大一部分必须分散生产、分散经营。公私合营工厂中有一部分是应该合并和集中生产的，但是就全国来说，大部分必须按照原来的状况或加以必要的调整后分散生产、分散经营。绝大多数公私合营工厂是制造日用消费品的工厂，人民对日用消费品的需要是多样的，经常变化的。如果把许多小工厂合并成为大工厂，就它们适应市场需要来说，不会有小工厂分散生产的时候那样灵活。以染色布为例，据陈云副总理的意见，在小的机器染厂里，一个品种可以只染五六十匹布，因此随时可以改变花色品种，适应人民需要。但是大型机器染厂改变生产程序的工程大，因此每个品种至少要染三百至五百匹布。如果我国的小工厂统统并成大工厂，那就决不能适应人民消费方面的多种多样和经常变化的需要。应该看到，解放以前，我国消费品的花色品种不比现在少，但是制造这些消费品的工厂，绝大部分是小工厂。有些同志认为，把小工厂合并成为大工厂，产量就会提高，因此他们一心一意地合并工厂。我们需要一定数量的大工厂，因为许多最重要的工业产品是必须大规模生产的。然而许多日用消费品工厂，并厂以后产量所以提高，主要的原因是商品品种规格减少，产品单纯的结果。这种“合理化”不能适应人民消费的需要，因此我们不应当鼓励这种错误的合并。且合并后有些公私合营企业不适当地打乱了原有的产销关系。有些修理业、服务业，在改组时没有很好地调查研究它们的特点和总结它们的丰富经验，不适当地加以集中、合并或者改为只制造，不修理，这样就使得市民的日用家具和许多机关学校的汽车、科学仪器、医疗器械等，没有地方修理，缺少零件也没有地方配，一些临时的零星订货也找不到工厂承做。现在的关键是要很好地保存和吸收它们中间一切有用的技术遗产来充分发挥它们的潜力。我们绝不能以工厂的大小来衡量它们的重要与否。例如长春华丰仪器制造厂，以制造滤过漏斗闻名。1951 年，这个厂还是私营的，1956 年初改为公私合营。以后这个厂注意提高产品质量和降低产品成本，滤过漏斗很快成为畅销的供不应求的好产品。1956 年的产量等于 1955 年的三倍半，但是仍然满足不了要求。为什么“华丰牌”滤过漏斗受到这样的欢迎呢？原因很简单，质量好，价钱便宜，吉林省有两个工厂的化验室指出，它们曾经把华丰牌和进口的同样产品比较，过滤的效果是一样的，在价钱上进口的滤过漏斗贵得多。但生产这种驰名的“华丰牌”滤过漏斗的工厂，不是一个设备优良的现代化大工厂，它是一个规模很小的设备简陋的小工厂。全厂只有 23 个人，直接生产的工人只有 17 人，厂长有时还参加生产。厂里没有勤务人员，所有清扫烧水等工作都是由工人自己分担的。全厂最贵重的设备，就是一架两尺多高的小机器——一台震筛机，价值也不过 700 元。全部生产，几乎都是手工操作的，所以在这里看不到一架大机器，这个工厂的工人就在这样的条件下做出了质量良好的滤过漏斗，为需用滤过漏斗的大工厂所欢迎。

另外一个例子是无锡公私合营华钟梭子厂。虽然它是一个规模小、设备落后、只有 58 个职工的小厂，但是它对国家建设却起着很重要的作用。它的产品——梭子却是织布厂必不可少的生产工具。江苏省纺织厂用的梭子有 70% 以上都是靠这个厂供应的。显然，这个厂的生产，直接关系着许多个纺织厂的生产，也直接关系着江苏省纺织工业生产计划的完成。因此我们绝不能以大小来衡量工厂企业的重要与否。俗语说：“胡椒虽小辣人心，秤锤虽小坠千斤”。在某些情况下，事物虽小，却有着它的特殊作用。

八、原料工业和加工工业的平衡

原料工业和加工工业之间存在着两种不平衡的现象：（甲）加工工业有余而原材料不足；（乙）原材料有余而加工工业不足。现在来分别加以讨论。

（甲）加工工业有余而原料不足

几年来，我国煤的生产是不断增长的，但因为工业发展快，以及人民生活水平逐渐提高，煤的供应还是不很充裕。如果以1949 年全国煤的总产量和需要量为 100，那么 1956 年产量为357，而需要量则为 378。通过商业部门供应市场的煤，1952 年占总产量的 37%，1956 年就占 45%。在第一个五年计划期间，我国煤炭生产每年平均增长速度为 13% 左右。像这样的发展速度，在我国历史上是从来没有的，在世界上也是少见的。但是国家建设和人民生活的需要却发展得更快。在第一个五年计划期间，全国生产用煤每年平均增长速度为 17% 左右，超过了煤炭生产的发展速度。在生产用煤增加之外还有生活用煤亦在增加，使煤炭的供应益加紧张。解放以前，城市居民只能烧到很少的煤炭，并且经常遭受煤荒和煤价暴涨的威胁。大部地区的广大农村则几乎常年烧不到煤炭。解放以后，人民生活用煤的供应情况起了根本变化。1956 年供应城市居民生活用煤 2 332 万吨，比 1952 年增加 1 146 万吨，因而稳定了煤炭市场。在农村中，农业合作化以后，畜力和肥料的需要增长，农业经济也发生了根本变化，过去用作燃料的柴草，现在大部分拿来作饲料和肥田用，所以农民烧煤的比重，还要逐渐增加。我国煤的蕴藏量虽然很丰富，但是建设煤井需要技术、投资和比较长的时间，要在短时期内充分满足生产和生活的用煤需要，是有很大困难的。党和政府除了积极建设现代化煤井和中小型的煤窑以外，要求每一个机关、学校、团体、企业和家庭，都想尽一切办法来节省煤。

其次，谈谈一般的工厂。它们的情形亦大致相同。比如湖南的工人和全国所有的工人一样，作出了很大的贡献，涌现出了大批的新人新事。但是，在当前的生产中，普遍存在着一个问题，就是原材料供应不上，特别是钢板和钢材缺乏，以致使有些工矿引起了严重的待料情况。有些厂矿甚至因为没有材料，造成计划不能按时完成，质量提不高的恶果。有时应该交货了，但是材料呢？还不晓得来自哪里。有的工人甚至因为没有料子，继续几天不能开工。有时厂里派人到全国各地去拨借，好容易等到材料搞来了，可是计划又快脱期了。怎么办呢？为了争取时间只有赶吧？于是下面的干部、下面的辅助工都轰起来赶任务，日夜加班加点。这样带来的后果是质量不高，工人疲劳过度，容易发生安全事故。但这个问题不是个别单位的问题，而是带有普遍性的问题。

第三，是生产钢材的工厂不够，所以钢材供应量跟不上社会的需要。依黑色冶金专家孙德和先生的意见，我国在今后若干年内需建成不少个巨型钢铁基地来生产钢材，但由于我国过去的科学与工业基础的薄弱，存在着相当巨大的困难。最关键的困难是大量的复杂与高度现代化的重型冶金设备的取得。一个完整的

150 万吨产量钢铁联合企业钢铁厂，本身便需要十多万吨的设备，另外还有相关的矿山、热电站、交通运输起卸的设备等，数量也不少。重大的复杂的设备大部分要依靠国外供应，次要的问题是许多原料资源的勘探与调查研究需要相当长久的时间。此外厂址的选择、城市的规划，以及施工力量与物质的集结均需要相当长的时间。一般来说，大致需要一个半五年计划的时间。这真是一个使人“望穿秋水”的时间。

依孙德和先生的意见，为了更多地更快地加速我国钢的产量，除建设巨型钢铁联合企业外，还可以在我国建设数目较多的中型钢铁联合企业。这些企业将尽量利用典型设计，尽量使用我国机械工业可能生产的设备，广泛地更好地组织我国的机械工业来供应设备，将这些钢铁企业的基础放在国内供应的基础上来赢取时间，换取更多的钢材。

这里所指的中型钢铁联合企业是指的年产约 70 万吨的中型联合企业。根据几年来的工作经验，这些钢铁联合企业的设备是有可能在国内生产与制造的（除去极端少数的设备或零件需个别向国外订货）。在设计方面国内也是可以承担的，绝大部分利用重复设计与典型设计。这样可以节约设计的时间与力量，使一个厂的设计的绝大部分在好多厂的建设中同时重复利用，也创造了设备制造简化的条件，可以使用机械制造厂成批生产的优点，提高设备制造的效率与速度，减低制造成本。如果经过详细研究之后证明这是可行的，则在几年之内（大约三四年），可以成批地多建设好多个类似的钢铁企业。中国幅员这样大，分批在不同地区根据不同条件建上十个八个这样的厂是不算多的。这些厂适宜于利用当地天然储藏量较小的资源，接近于使用户，可以减少国家长距离的运输负担，对于大厂来说，也可以进行生产品种和花色的分工。大的钢铁联合企业于我国是需要的，但中型联合企业，根据不同的资源情况和地区情况，想起来也是需要的，其他国家也有同样的情况。

因为这类厂的规模较小，设备供应上困难可能少一些，在资源调查研究方面简单一些，厂址选择也比较容易，同时大量使用典型及复用设计，进度上易于加快，可以加速社会主义建设，可以加强国防的力量，因为这类企业已经达到相当可观的规模，有着本身的经济合理性。整个的生产过程也是可以尽量使用机械化和自动化的，在钢材的质量上和巨型的钢饮联合企业的产品没有逊色的。此外由于采用氧气吹风炼还可以利用氮气与节余焦炉煤气供化工肥料或其他合成产品的利用。如果矿源的含磷商也可附产磷肥供农业增产之用。

在轻工业方面，我们也觉得原料供应不足，大家知道，轻工业的原料绝大部分取之于农业和农副业。例如我们的纱布是原料极有限制的一种产品，我们的粮食供应也不能说十分富裕，所以在农业生产方面，必须尽可能地增产粮食、棉花、油料作物和生猪来满足人民生活和出口需要，1957 年 2 月 17 日的《人民日报》社论也说："棉纺织业、油脂工业、食品工业和其他日用品工业的生产，除少数行业以外，也因为原料供应不足而不能大量增产。"足见农产品增产的重要性。

（乙）原材料有余而加工工业不足

上面几个例子说明加工工业有余而原料供应不足的问题。亦有原材料供应有余而加工工业不足，不能尽量利用造成浪费的场合。据一位专家林文彪先生的意见，很多工厂在生产过程中，除主要产品外所产生出来的物质虽然知道可以用来再生产其他产品，但是由于运输不方便，而本单位又无能力用以制造其他产品时，常常作为废物抛弃，而不加以利用。如硫酸锰厂以焦炭为原料，排出大量二氧化碳气体，而这种气体正是制造化学药品的原料，因为没有连续使用，不得不丢弃。又如许多冶炼厂将大量二氧化硫排出而没有利用，纸厂的废料可再经过发酵制酒精，现在也没有得到很好的使用。化学工业用的苯，现在多是当作燃料用，而没有用以制造其他有机化合物。类似这样的浪费情况是很多的，每个企业或多或少都有的。另外，有许多东西常常是本企业的废物，甚至是有害物，然而对另外一个企业又是需要量大而不可缺少的主要原料。例如煤矿中的沼气是一种在矿井中容易发生爆炸、影响工人安全的危险物质，然而它对制造国防橡胶工业上所大量需要的炭黑，却是一种宝贵不可少的原料。因此在瓦斯量大的矿山附近即应建立炭黑制造厂，以达充分加工利用国家资源的目的。

九、结论

在这篇论文中，我仍用团团转的方法，把工业中有代表性的八个环节，一个接着一个写出来，以重工业中的钢铁生产开始，最后仍以钢铁生产结束，首尾合在一起，指出一个完整的工业体系。在这个体系中钢铁工业的重要性比较突出。

总的来说，社会主义建设的完整体系的基础已经建立起来了，但有缺点。李富春同志说第一个五年计划中国民经济各个大的比例关系（即平衡关系）基本上是适当的。第一个五年前四年实践中的经验教训是很丰富的。但这并不是说年度计划的安排没有缺点和错误，安排得更好些，年度间的波动可能小点，比如

1956年在社会主义高潮的推动下，国民经济各方面都有较大的发展，成绩很大。但是基本建设规模偏大，人员招收多了一些，学生也招多了，工资基金和事业费用也就必须多增加，结果，国家财政多支了一些，生产资料和消费品的供应都紧张。1957年的计划，在去年大发展的基础上，必须根据财力、物力的可能放慢一步，这不是冒退，而是转向正常的发展。

我写这两篇论文的目的，当然要帮助青年读者理解政治经济学中最主要的两个原则——综合平衡和按比例发展规律。我们的计划经济就建筑在这两个原则之上的。没有计划经济，要把我国建成一个社会主义国家，是不可能的。过去几年中，青年读者对这两个原则不甚了解，因而有的甚至不承认有这些原则的存在，这是由于讲的时候没有联系到中国的实际所致。教本所引证的例子绝大部分是生搬硬套的外国例子。听起来似乎生疏而不亲切，所以觉得枯燥无味。因为枯燥无味，有的甚至不听，不上课，因而得出一个结论，只要重业务学习，政治学习可以丢在一边，这是大错而特错了。你将来在这个社会主义国家做事，在你的脑筋中如有这些原则性的东西存在，你就觉得你的工作是整个体系中的一部分，你本身是在完成社会主义的建设，是社会主义建设的工程师，何等光荣，做起事来，一定更起劲，更有兴趣，更有意义，这是关系你的一生，不可不好好地考虑考虑。

此外还有更重要的一点，就是辩证唯物论所说的宇宙中的事物都有内在的联系，我们不能用孤立的静止的和片面的观察去看世界，因此国民经济的各个方面、各个部门、各个地区，是一个有机地结合着的整体。宇宙中的事物有内在的联系，所以我们可以用团团转的方法来写这篇文章，把首尾两个环节联系起来，不然的话，联系是不可能的。这篇文章是本着这个信心写出来的。

虽然毛病一定很多，有待国内学者的指教，但基本上是成功的。经过这样的“实践”以后，我的信心更坚定。因此我不同意朱熹的说法——“理在事外”，却同意王船山的说法——“理在事中”。

（原载1957年5月11、12日《人民日报》）

新 人 口 论

——在第一届全国人民代表大会第四次会议上的书面发言——

由于党和毛主席的英明和正确的领导，人口的控制已有了办法。1957 年 10 月 26 日发表的《1956 到 1967 年全国农业发展纲要（修正草案）》第二十九条第三项规定："除了少数民族的地区以外，在一切人口稠密的地方，宣传和推广节制生育，提倡有计划地生育子女，使家庭避免过重的生活负担，使子女受到较好的教育，并且得到充分就业的机会。"我深信有了这一项规定，五亿农民中多子多孙的思想，一定可以很快地扭转过来。

我国农村过去长期存在着地主和农民的阶级矛盾，这个矛盾经过了解放战争胜利和土地改革完成，已经解决了。土改之后，农村中发生了新矛盾，这就是个体农民走向资本主义还是走向社会主义的矛盾。经过了几年来的斗争和艰苦工作，1956 年在全国范围内基本上实现了农业合作化，中国农民肯定地走了社会主义道路，从而基本上解决了这个两条道路的矛盾。那么现在还有没有矛盾呢？矛盾是有的，除了毛主席所说的人民内部矛盾这一主要矛盾外，我认为“人口多，资金少”，也是一个很重要的矛盾。过去的矛盾是阶级矛盾，现在的矛盾主要的是生产矛盾。

一、我国人口增殖太快

1953年的普查是中国历史上第一次普查，普查结果表明1953年6月30日中国人口一共有601 938 035人，这是一个静态的纪录，如果1953年以后每年都有人口统计数字，这样就成为动态的人口纪录。可惜的是这些数字现在没有，今后必须建立生命统计，登记各个区域出生、死亡、结婚、离婚、迁入、迁出的人数，这样才有正确的人口统计。现在一般估计中国人口大概每年增加1 200—1 300万，增殖率20‰，如果这样估计下去，三十年后同实际的人口数字一比，就会差之毫厘而失之千里了。增殖率20‰是怎样得来的呢？1953年政府在29个大中城市、宁夏全省、其余各省每省选十个县进行普查，另有35个县只查一区、两镇、58个乡、9个村，共有人口3 018万人，出生率37‰、死亡率17‰，因此人口增殖率为20‰，并且说城市的增殖率高于乡村；上海一地的增殖率是39‰，城乡平均起来每年增加20‰。我很怀疑，四年来增殖率是否仍旧是20‰呢？普查的数字在当时是正确的，但拿20‰来解释以后四年的情况（自1953至1957年），恐怕有出入。由于以下七方面的考虑，我认为增殖率或超过20‰：（1）结婚人数增加，在解放以前青年人毕业即失业；现在毕业以后，国家分配工作，经济情况改善就具备了组成家庭的条件。社会上大家都有职业，对于父兄、亲友的接济少了，负担减轻，也促使结婚人数增加，并且政府照顾已婚夫妇，原则上分配在一个城市内工作，生育的机会也就增加了。（2）政府对于孕妇、产妇和婴儿的福利照顾，产妇产前产后有56天的休假，这在解放前是没有的。随着卫生事业的发展，乡村中产婆接生已为正规接生所代替，婴儿死亡率下降，托儿机构普遍建立，可替多子女的家庭进行一部分教养儿童工作，子女入学可以享受公费待遇。（3）老年人死亡率减少了，以往是人生七十古来稀，现在是人生七十多来兮。对孤寡老人政府有照顾，退休有养老金，真是鳏寡孤独皆有所养。（4）以往几乎年年有内战，人民遭受兵燹、水旱灾害，流离失所，大量死亡。现在国内秩序空前安定，内战消灭，盗匪绝迹，凶杀案件减少，人民死于非命的减少。（5）随着社会制度的改变。尼姑与和尚大半还俗结婚，将来和尚和尼姑的人数也不会多。在资本主义国家不能解决的娼妓问题，我们也彻底解决，大家都知道妓女因丈夫太多，是不能生育的。（6）农业合作化以后，人民生活改善，老年人尚有旧思想的残余，希望多福多寿，什么五世其昌，儿孙满堂，不孝有三，无后为大，种种格言，到处传播。只要经济上许可，就忙着替儿子娶媳妇，成家立业。（7）政府对于一胎多婴的家庭，除了奖励以外，还有经济上的补助。诸如此类，都是增加出生率，减少死亡率的因素。因此，我认为近四年来人口增殖率很可能在20‰以上。

二、我国资金积累得不够快

我国最大的矛盾是人口增加得太快而资金积累得似乎太慢。

周恩来总理在“关于发展国民经济的第二个五年计划的建议的报告”中说：“国家建设规模的大小，主要决定于我们可能积累多少资金和如何分配资金。我们的资金积累较多，分配得当，社会扩大再生产的速度就会较快，国民经济各部门就能够按比例地发展……国民收入是全国劳动人民在生产过程中新创造的物质财富。在社会主义国家里面，全部国民收入都归劳动人民自己所有。劳动人民把国民收入的一部分用来维持和改善自己的生活，另一部分用于社会扩大再生产，也就是说用作积累。在分配和再分配国民收入的时候，必须使消费部分和积累部分保持适当的比例。消费部分所占比重小了，就会妨碍人民生活的改善；积累部分所占比重小了，就会降低社会扩大再生产的速度。这两种情况都是对人民不利的。”

要改善人民的生活，一定要扩大生产和再生产；要扩大生产和再生产，一定要增加积累；要增加积累，一定要增加国民收入。我国的国民收入在 1956 年将近 900 亿元，其中消费部分约为 79%，积累部分约为 21%。因人口大，所以消费大，积累小，而这点积累又要分摊在这许多生产部门之中，觉得更小了。我要研究的就是如何把人口控制起来，使消费的比例降低，同时就可以把资金多积累一些。

三、我在两年前就主张控制人口

我到浙江视察三次，旧时代的浙江，分成十一个府，我到了十个府。令人注目的是这些地方儿童特别多，因此引起了我的注意。每到一个村必定向社里的负责干部和老农了解近年来村里出生的人口有多少，死亡的有多少，生死相抵以后，净增加有多少。各地人口增殖的情况虽不一样，我的印象是顶少的也增殖了22‰以上；到上海视察时，感觉到增殖率更高。1955 年视察返京以后，就视察所得准备好关于人口问题的发言稿，内容是控制人口与科学研究，打算在 1955 年的人民代表大会上提出；提出以前先在浙江小组进行讨论，小组会上除少数人外，其余的代表们好多不表示意见，好多不同意我的看法，且竟有人认为我所说的是马尔萨斯的一套，也有的认为说话虽与马尔萨斯不同，但思想体系是马尔萨斯的。虽然他们的意见我不能接受，但我认为都是出于善意，故我自动地把这篇发言稿收回，静待时机成熟再在大会上提出来。今年二月，毛主席在最高国务会议上的发言中明确地提到人口问题，我认为毛主席提出这个问题非常及时，也非常必要，我就把旧发言稿在扩大最高国务会议上简略地讲了一遍。现在就把这篇稿子加以补充，提出来请各位代表指教。

四、马尔萨斯的人口理论的错误及其破产

大家都知道马尔萨斯的“人口论”学说是反动的，马尔萨斯说人口按几何级数增加，即由 1 增加到 2、4、8、16、32、64……，而食物是按算术级数增加如 1、2、3、4、5、6、7……，过了几代，人口增加太多，粮食不够吃了，因此产生疾病、瘟疫，甚至战争，人民大批死亡，人口锐减，至此人口数量才能与粮食供应相平衡。这样世界经常处于恶性循环中，人类的前途非常黯淡。马尔萨斯《人口论》于 1798 年出版，当时正值工业革命以后，社会经济发生根本性的变动，工人们大量失业，普遍贫穷，时有暴动，人民对于资产阶级政府感到很大的不满。马尔萨斯写《人口论》的本意，就在于从理论上维护资本主义制度及

其政府，掩盖英国政府的错误措施。他的人口理论无异乎告诉工人们说，工人们的普遍贫困，不是政府之过，主要是由于人口增加太快，而粮食增加太慢引起的。这种论调是他“人口论”的出发点，也就在这一点上他根本错误了。当时法国拿破仑在欧洲挑起了大战，人民死得很多，粮食不足的情况好转了一些，因而大家认为马尔萨斯的“人口论”很正确。但是拿破仑战争以后，他的学说应用到德国的情况上，就不符合实际了。由于当时德国科学研究的发展，粮食也按几何级数增加，比人口增长的速度还要快，他的食物按算术级数增加的理论基础就此破产。马尔萨斯没有想到以后的科学研究能够飞跃地发展，使得粮食也按几何级数增加，并且比人口增加得更快。应该了解，土地和劳动力这些自然条件，虽是农业生产最根本的条件，但它们在发展生产上是有一定限制的，而科学的发展则是无止境的。科学愈发达，人民的文化水平也愈加提高。知识增加，一方面促使劳动生产率增长，另一方面促使生殖率减低，例如社会上层分子和脑力劳动者，娱乐的方式较多，如打球、划船、骑马、打猎等多方面的活动，减低了他们的性欲。在法国上层分子的生殖率停滞不变，他们把生儿育女看做包袱。又如约翰·雷指出，夏威夷群岛的土地非常肥沃，食品有大量的增加，但人口并不跟着增加，主要是因为该处的居民并不是喜欢多子多孙的，这又有力地反驳了马尔萨斯的人口论，因此他的人口按几何级数增加的理论也就此破了产。

五、我的人口理论在立场上和马尔萨斯是不同的

马尔萨斯从掩盖资产阶级政府的错误措施出发，我则从提高

农民的劳动生产率，从而提高农民的文化和物质生活水平出发。让我用中国的实际情形来说明这个不同之点。

苏联帮助我国建设的第一座大型机械化仓库最近正式投入生产。这座仓库高达35公尺，有24个圆仓和12个星形粮仓，能够储放7万吨粮食。粮仓的一端，有一个60公尺高的工作塔，粮食用火车运来后，卸车、运送、滤尘、筛选、计量、测温等都是用工作塔里的机械操作，自动电铲只用几分钟的时间就能把一车厢粮食卸完。粮仓里设有电阻温度计，化验工人在地下工作室里就能通过自动测温仪表箱准确地测量每个粮仓里的温度。发现仓里温度高，把电钮打开，在6天内就能把7万吨粮食全部进行一次通风。如果用人工翻晒这些粮食，需要300个劳动力连续晒一年半才能晒完。这座机械化仓库是为石家庄食品制造工业储藏原料建设的，对保证产品质量有很大作用（根据1957年5月10日《大公报》）。关于粮仓问题我曾与粮食部的负责人谈过，知道粮食集中在政府手中者今年约有1 000亿斤（包括农业税和征购之数），此外尚须加上200亿斤从上年留下来的，约共1 200亿斤。1亿斤等于5万吨，共等于6 000万吨。若这个数量的粮食，皆用机械化仓库来储藏，共需建筑857座，每座建设费在300万元左右，共需25.5亿元。但实际上每座粮仓的利用率不过60%—70%，因为年岁有丰歉之别，丰收时，收集的粮食可以堆满仓库，但歉收时，或只能利用60%—70%。因此我们要建设可以容纳1亿吨粮食的仓库1 428座，共需投资42.8亿元，试问资金在哪里？有了资金，钢铁、水泥、木材在哪里？

假定每座仓库需用300个劳动力（旧式仓库的一个保管员只管50万斤），共需用428 400人，尚且要花一年半的时间才能晒完。而现在每座只需15个技工在6天内就能把7万吨粮食进行一次通风。就是只要原来人数的二十分之一就可完成任务了。其余二十分之十九的人是多余的。因为这15个技工的工作效率高，所以他们的平均工资是80元；因为工资高，所以购买力大，物质和文化生活水平可以提高，社会主义的目的可以达到。但我们要注意的，是那二十分之十九的人的物质和文化生活，用什么方法来提高呢？在目前6.4亿人口的压力之下，要提高他们的物质和文化生活水平，我们已觉得很吃力，若每年还要生出1 300万人来，这个问题就日益严重，不知要严重到什么程度。

据上海国棉二厂负责人楼葆华先生的厂矿调查报告（载1957年10月9日《人民日报》），从1953年到1957年7月，上海国棉二厂全厂女工已生了3 049个小孩，差不多等于全厂现有的女工总数。1956年和解放前的1946年相比，生育率增加三倍左右。女工的生育率高了，另一方面婴儿的死亡率却降低了。解放前，儿童死于麻疹、白喉、天花、痢疾、百日咳的很多，而今天，儿童死于这些疾病仅仅是个别的了。由于女职工的生育率太高，就产生了下列几种不良的现象：（1）产生了或扩大了房子不够住或生活困难的问题，至少是影响了生活的改善。仅以工人住宅的拥挤现象来说，平均每间房子都有五人左右。目前因家庭人口多而申请要房的占全部要房子的人的40%—50%；（2）从1957年1月到6月，全厂因家中人口多，生活困难需要补助的职工有414人，占被补助人数的三分之一左右；（3）因妇科疾病而造成的缺勤率，在1956年6 824个工作日，在造成缺勤率的各科疾病中占第一位；（4）有些职工由于生育多，家务操作繁忙，生活不好，营养不良，影响了身体的健康；（5）有些女工因子女多无法学习文化；（6）有的青年女工因生了孩子，忙于家务，降低了政治进取心。

我深信社会主义事业愈发展，机械化、自动化必然随之扩大，从前 1 000 个人做的事，机械化、自动化以后，50 个人就可以做了（假定到处都是二十分之一），请问其余 950 人怎么办？因此，我就考虑到人多，就不能很快地机械化和自动化。我们现在不能搞很多的大型工业，要多搞中小型工业，其中原因之一，就是因为中小型工业可以安插好多人。但是我国搞社会主义，就应当多搞大工业，列宁也说过，没有大工业，就没有社会主义（《列宁文集》第 7 册第 151 页）。然而，我们过多的人口，就拖住了我们高速度工业化的后腿，使我们不能大踏步前进。有人称我为马尔萨斯主义者，我则称他们为教条主义者、反列宁主义者。

今年增加的 1 300 万人，能在工业中安插的不过 100 万人（据李富春副总理的第二个五年计划说明），其余 1 200 万人要在乡村中工作，但今日的农民，每人每年为国家所创造的财富，至多不过 80 元，而工厂中的工人因有新式的技术装备，每年可以为国家创造 4 000 多元的财富。两个生产率的对比如一与五十之比（详见说明——本书第 173 页附表一），两者的生产率相差如此之巨，主要原因是工业生产能利用新式技术装备（有些是最新式的），而农业生产只能利用畜力为主要动力，加以近来有些省份牲畜瘦弱死亡不少，致有用人力拉犁来耕地的现象，更影响到农业生产。且要发展农业生产，必须有两个条件，一是水，二是肥，必须有水，施肥才有用。如果没有水利设备，遇到旱灾或者水灾，再多肥料也不能希望增产。北方农民缺乏积肥习惯，与水利条件太差是有关系的。我国技术工程落后，对于水旱灾害尚无控制把握，同时因工业落后，国家尚不能供应大量化肥。凡此皆是工业和农业的劳动生产率相差悬殊的主要原因。我说这些话，工人方面或可能发生一种错觉，误认为他们为国家创造的财富多，他们的功劳大，因而要求增加工资，殊不知很多工业部门的生产资料是由农业部门创造的，它们的货币积累一部分是由其他部门造成的，不过制造的最后阶段落在他们的部门之内，因而最后的结果在他们的部门内体现出来而已。

若进一步把以上所述的100万工人和在乡村中安插的1 200万农民合并计算，则每人的平均劳动生产率一定低得可怜，问题是如何提高这1 200万农民的劳动生产率。若要提高，非把农业电气化、机械化不可，非大大地增加化学肥料不可。但资金在哪里？积累在哪里？有了积累，物资如钢材、水泥等在哪里？洪水为患自古已然，于今尤烈，1954年的洪水，可以作证。于是我想到要解除农民被洪水淹没的损失和淹死的危险，最好能在三峡兴建一个能够防御千年一遇的大洪水的水库，从此一劳永逸，可以使农民高枕无忧，明知投资数目不小，工程浩大，长江上游淹没损失也可观，但从国家和农民的长远利益出发，还是合算的，据电力工业部水电总局总工程师陆钦侃先生的估计，三峡工程造价达一百余亿元；为配合这样大的电能，还要建设相应的工厂企业来充分利用。它们的造价（投资）要达五六百亿到一千亿元。哪里来这许多钱？有了钱，哪里来这许多钢材和水泥？况工程浩大，二十年内恐不能完成修建。一旦完成之后，农民不知要得到多少好处。不但水利建设、电力建设会把农村全面改观，即机械、肥料、运输、燃料以及建筑材料等亦将大量出现于农村，为农业服务，农村将成为重工业的重要市场，不过今日尚须耐心等待一个时期。这个等待，是指像三峡这样的巨大工程而言。但在农业社会主义改造以后，生产关系变了，生产力正在猛力地向前发展着，对农业小型机械化问题，必须快快有积极的准备。目前农村中的关键问题，是忙闲不匀的问题，如南方推行双季稻，在割早稻后即种晚稻的十五天内，农民实在是忙不过来，所以今后农村富裕增产的关键，在于农忙忙不过来的时候有机械来帮忙。农民所最需要的机械是：（1）割稻机；（2）插秧机；（3）抽水机。

我在上面说过，我们的缺点是消费多、积累少。1956 年我们的国民收入将近 900 亿元，其中消费占 79%，而积累只占 21%，亦即等于 180 多亿元，这笔资金要分摊在重工业、轻工业、农业（包括林业、畜牧业、渔业）、运输业、建筑业、商业（包括对外贸易业）这许多单位之中，每分单位分到的，为数极微，当然不能大踏步地前进。资金积累如此之慢，而人口增殖如此之速，要解决“资金少，人口多”的矛盾，不亦难矣哉？我们不屑向美国借款，我们亦不能用帝国主义剥削殖民地的方法来榨取资金，亦不能仿效日本以甲午赔款作为工业化的本钱，我们只得自力更生，依靠自身的积累，但自身的积累与消费的比例，是 79% 与 21% 之比，可否把消费减少一些，把积累增加一些呢？一看我国实际情况，这是带有危险性的。

我们的国民收入只有这一点，分为积累和消费两部分。积累多了，消费就少了，对于人民的生活，难免照顾得不够。反之，消费多了，积累就少了，就必然推迟工业化的完成，故两者之间必须求得一个平衡。至于如何平衡，要看实际情况。在苏联，消费占 75%，而积累占 25%，即占国民收入的四分之一。在中国，由于人民生活水平较低，人口较多，消费比重当然要高一些，所以有 79% 与 21% 之比。我们不能如苏联一样把积累提高到 25%，把消费压低到 75%，那就等于说我们只顾工业化，不顾人民了，不免会出乱子。我们现在把每年增殖出来的 1 200 万多余人口放在农村，虽然出于不得已，但难免发生副作用。今日的农民对于自己生产出来的粮食，总想多留一些，对于生活上的需要要向城市居民看齐。他们要吃油，所以今日油的紧张超过粮食；他们要穿新衣，所以布不够用。这个情况已经相当严重，但每年还要增殖出来1 300万人，除在工业部门安置100万人外，要把其余1 200万人口安置在农村，他们的劳动生产率在短期内既不能提高，而在生活需要上又要向城市看齐，长此以往，如何得了。所以对于人口问题若不早为之图，难免农民把一切恩德变为失望与不满，不免给政府带来很多的困难。因此，我主张要提高农民劳动生产率，一面要积累资金，一面要控制人口。不然的话，徒劳无功。

我说难免农民把一切恩德变为失望与不满，我所指的恩德是：在土改胜利之后，3亿无地或少地的农民得到了7亿亩的土地，并免除了每年向地主缴纳的租粮600亿斤及各种超出任务的剥削，土改后，从1950年到1956年7年中，国家对水利的基本建设拨款共达30.7亿元，发放救灾救济经费131 000余万元，用于推广优良品种、新式农具、提高农业生产技术及防治病虫害的经费128 000余万元。以上三项共566 000余万元。此外农民在7年中得到国家80亿元的低利贷款，从此不再受高利贷的剥削。此外，今天即最贫穷的农民亦不致卖男卖女，挨饿受冻，流落街头，沿街乞讨。他们在农业社的照顾下，都能生活下去，此外在农村中还实行了五保制，使老有所恃。我的意思政府对人口问题若不再设法控制，这些恩德不免一变而为失望与不满。

六、不但要积累资金而且要加速积累资金

社会主义国家实现的五年计划的次数愈多，生产率也就愈大，而所需的技术装备也就愈精。苏联第一个五年计划最后一年，一个工人配备的资金，是固定基金 10 000 卢布，流动基金 3 000卢布，共计 13 000 个卢布。至第三个五年计划最后一年，每个工人配备的资金六倍于第一个五年计划最后一年所配备的资金，第五个五年计划最后一年配备的资金即达十二倍。所以苏联生产能力的继续增长，是由于每年技术装备的倍数增加。中国以后的情况也应该这样，因此要提高工业的劳动生产率，就要大力地积累资金，加强每个工人的技术装备，同时还要控制人口，因为如人口增殖任其自流，资金很难迅速地积累。积累资金最快的方法是提高劳动生产率。提高以后工人的收入也当然提高，如农民的劳动生产率不能与工人的劳动生产率比例地提高，两者收入的差别愈来愈大，就影响着工农联盟，因此控制人口，实属刻不容缓，不然的话，日后的问题益形辣手，愈难解决。

以上已说过苏联第一个五年计划最后一年，一个工人配备的资金是固定基金 10 000 卢布，流动资金 3 000 卢布。我国自 1953 年至 1955 年，国营、地方国营及公私合营工业每个工人装备的生产用的固定资产为 1953 年的 5 273 元，1954 年的 6 072 元，1955 年的 6 835 元，一个卢布约等于人民币五角，中苏两国在第一个五年计划中给工人的技术装备大致相等。（附表二，见本书 172 页）

七、从工业原料方面着想亦非控制人口不可

我们要积累资金，最好发展轻工业，因为轻工业的特点是投资少，建设易、获利多而且快，可以更有效地积累资金，用来更多更快地发展重工业。现在新建一个十万纱锭、3 500 台布机的棉纺织厂，共需投资 3 500 万元。在正式投入生产以后，只要一年时间，就可收回全部投资（包括工业、商业利润和税收）。印染、毛纺织厂等收回的时间还要快一些。因此轻工业的扩大，不仅不会影响重工业的建设，而且有利于重工业的发展。

但扩大轻工业的建设，必须在资金和原料足够的条件下进行，因此我们要谈一谈轻工业和农业之间的关系。轻工业的原料绝大部分来自农业，我们要建设棉纺织业，一定要向农业取得棉花；要发展丝纺织业，一定要向农业取得蚕茧；要发展制油厂，一定要取得大豆、花生、芝麻、油菜籽等；要发展制糖厂，一定要取得甘蔗和甜菜；要发展毛织业，一定要取得羊毛。今日油、糖、布的供应，远远不能满足人民的日益增长的需要；它们的紧张情况，超过粮食。要增加这些物品的供应，一定要扩大棉花、蚕桑、大豆、花生、芝麻、甘蔗、甜菜等经济作物的种植面积，这不得不缩小了生产粮食的种植面积，而粮食产量就受到了影响。所以各种经济作物与粮食互争土地，两者之间一定要求得一个适当的平衡。若人口无限增殖，这一适当平衡将更被破坏，因人口增殖，粮食必须增产，经济作物的面积就要缩小，直接影响到轻工业，间接影响到重工业。因此人口的增殖，就是积累的减少，也就是工业化的推迟，故人口不能不加以控制。

现在食糖异常缺少，紧张情况，不亚于食油。若扩大种植甜

菜的面积，不啻与粮食争地。吉林省境内的新中国制糖厂和范家屯糖厂的甜菜原料，主要依靠中部地区的榆树、怀德、九台、德惠等县供应。但是这些县份又是吉林省出产粮食和大豆最多的县份。如果在这里大量发展甜菜生产，就会削减粮食和大豆的播种面积。同时，因为土地少，不能进行合理轮作，反而会影响甜菜产量和质量的提高。如1953年甜菜每公顷产量为24 000斤左右，含糖率平均占14.3%，到1955年每公顷甜菜产量就降低到18 000斤，含糖率平均只达到11.4%。像这样发展下去，制糖工业只有退缩，不能前进。

从以上所述可以得出一个结论，重工业与轻工业间的关系，还不如重工业与农业间的关系之为密切。我国还是一个农业国，如农业不能很快地发展，难望重工业可以大踏阔步地前进。今年紧张情况的解除，其希望悬于秋季之大丰收。

我国各项建设，首先是重工业建设，所必需的成套设备和各种重要物资，好多是从国外输入的，但要进口多少重工业物资，得先看出口多少农业和轻工业物资，而轻工业物资也要用农业物资做原料。由于我国化学工业特别是有机化学工业还不发达，轻工业的原料，大约有90%以上要依靠农业，故农业的扩大或缩小，丰收或歉收，对重工业或工业化有决定性的影响。若人口的增殖听其自流，不加以控制，工业化的进程，未有不受其影响者。

据对外贸易部叶季壮部长的发言（在人大第四次会议上），1957年计划进出口贸易总额99.55亿元，比上年实绩减少8.4%，其中进口47.55亿元，比上年实绩减少10.2%；出口52亿元，比上年实绩减少6.6%。这是因为1956年某些地区农业因灾减产，出口物资供应比较困难。但主要原因是过去几年在我国出口总额中，农产品和农产品加工品约占75%，矿产和机械等工业品约占25%。由于目前农业增产的速度受着耕地面积的限制和自然灾害的影响，同时由于人民对轻工业品的需要逐步提高，若干种商品的出口势非减少不可，以适应国内市场日益增长的需要。但由于增加了矿产品、工业品、手工业品和各种小土产的出口，今年仍然保持了相当的出口额，能够适当地进口国家建设所需要的重要设备。但无论如何，由于进出口贸易的减少，工业化的进程未有不受其影响者。

八、为促进科学研究亦非控制人口不可

二十世纪根本的社会变化和卓越的科学技术成就，不是时间上的巧合，它们之间有着内部的必然的联系，因为物质生产的发展是它们的共同基础。航空、无线电技术和遥控技术的出现，尤其是原子能的发现，没有现代的强大工业是不可能的。不必说别的，就如不锈钢我们自己不能制造，苏联也不多，向其他国家去买也是很困难。我们在四川新建的化肥厂，还不能解决它的不锈钢问题。建设一个化肥厂，从设计、建筑、安装到开工，大体也要五六年，一般讲来，应该建筑在工业化有了基础的国家，甚至于有高度工业化基础的国家，才能大量发展肥料工厂，因为技术比较高，用的材料也比较高。这个增长了的生产力，乃是深刻的科学发展的物质基础，俟科学发展之后又回过头来促进生产力的发展。理论与实际结合得好，会使我们的研究水平得到提高。从实践提高到理论，再用理论来进一步指导实践。这样一个循环的过程，是科学工作者的准绳，也是追求科学真理的唯一途径。中国科学院工作报告草案，向全国人民指出了它的较有基础部分和不足部分的状况。例如得奖的论著主要属于我国目前基础较好的

学科；一些新兴的学科，特别是我国经济建设、国防建设所急需的几种学科，得奖的论著很少。这正是过去历史情况的真实反映，可以唤起科学界的注意。“正确地更多地转移力量于急需的薄弱方面。”但同时如果经济建设和国防建设继续向前推进，自然而然会促进本门内的科学研究，有重点地建立新机构并充实研究力量。以技术科学的研究工作而论，所谓技术科学的研究工作，就是对实际问题求取理论上的解答，并将这些理论应用到实践中去考验。现在有许多地方国营农场和农业生产合作社提出一大批有关农业生产技术上的问题，要求农业科学研究机关予以解答，我们必须满足他们的要求，而研究工作者在解答农业生产中不断出现的新的科学技术问题时，找到了新资料。这些新资料是新理论最丰富的源泉。脱离实际来谈技术科学研究，是不能想象的。我们要使中国的科学赶上世界水平，只有在生产发展的条件下才能达到。我们不能把科学研究分成理论和应用两部分，因为所谓理论就是为实际问题求取理论上的解答的理论，两者是一而二，二而一的东西。过去苏联科学院曾经做过这样的划分，现在知其不恰当，已把它去掉了。此外，科学研究，一定要在生产要求的压力下，才能加速推进。如我们的生产部门不能在十二年内赶上世界先进国家的水平，而独要督促研究部门单刀匹马、长驱直入，无异缘木求鱼。周总理在1957年《政府工作报告》关于向科学进军一节中亦说：“新中国科学事业的特点，是科学和生产的密切结合。生产对于科学是基本的推动力量。在国民党时代，由于工农业生产的衰落，科学家们虽然也作了些研究工作，但是无法在生产上发挥作用。解放后八年来，随着生产的发展，生产部门向科学研究部门提出了大量的要求，我们科学家在这方面就有了充分的机会来发挥他们的才能，而且已经取得了很大的成绩。”由此观之，我们必须首先推进产业部门的技术装备，从速提高劳动生产率而后才能奠定科学研究的物质基础，现在我国科学工作的条件虽然有很大的改善，但是，由于受现有工业水平和国家财力的限制，还不能完全满足开展研究的要求，欲达到这个目的，唯有加速积累资金，一面努力控制人口，不让人口的增殖拖住科学研究前进的后腿。

此后我国的科学研究力量大部分放在科学院，227 所高等学校和许许多多产业部门，它们不仅集中了大批科学研究人才，并且它们研究的方面很多，又分布在全国各个地区，这对于促进科学事业的发展是有好处的；同时为了支援新建的工业地区和某些少数民族地区科学文化建设，也需要在这些地区建立新的高等学校和新的科学研究机构，需要一些科学家“离开原来的研究环境”到这些地方去工作。在初到新的研究环境时，研究工作暂时可能受到一些影响，但从长远看来，这对我国科学事业的发展，好处是很大的。因为每门科学的发展，不是孤立的，某门科学愈向前进，就愈需要其他有关科学的配合（近代科学的特点是各门科学的相互联系、相互影响十分密切。国家建设中的重大科学问题，也往往要由许多学科的综合研究才能解决，所以我们现在在科学的许多重要方面进行着研究工作）。例如人造卫星的制造和发射是一件很复杂的综合性的科学工作，牵涉到火箭技术、冶金、机械、天文、数学、物理、化学、气象、地球物理、大地测量、无线电电子学等方面。再以国际地球物理年为例，为什么各国科学家可以自今年（1957 年）7 月 1 日起举行国际地球物理年？其中理由之一是第二次世界大战后，科学和工程技术上的进步异常迅速，无线电物理和火箭方面科学研究工作的发展，使得人们对高空测量有了很好的工具，他们可以利用这方面的新成就对地球进行观测，从而可知没有无线电物理和火箭方面的科学研究的配合，对地球进行观测，根本是不可能的。所以我们要求所有有关生产部门都能按平衡原则向前推进。这有待于更多资金的积累和人口的严格控制。

九、就粮食而论亦非控制人口不可

关于人口与粮食的关系，因限于篇幅，不愿在这里多谈，拟另作一文专论之。在这里，我只说我国地少人多，全国 64 000 万人口，每人平均分不到三亩地。虽有人说我国有 15 亿亩荒地，但这些荒地有的是石山，有的是没有水源的，有的是少数民族世世代代借以为生的草原地，根本不能开垦的，到底有多少荒地可以开垦，迄无确实统计，加以工业落后，财力有限，一时尚不能大规模进行垦荒。虽然在 1953 年至 1956 年之间，每年开垦了1 400多万亩荒地，但由于人口的增加，每人平均分到的耕地，已自 1953 年的二亩八分降至 1955 年二由七分。况自然灾害影响着农业生产，使农民的收入极不稳定。如江苏省在 1955 年每户农民平均收入是 306 元（这是抽查的材料，不能完全代表江苏省全部情况），假定一户四口，每口不过分到 76. 5 元。该省 1956 年遇到灾害，全省农民平均收入每人下降到 49. 9 元。农民收入之不稳定如此，要完全防止自然灾害的发生，必须多兴办像三门峡这样的大水利工程，这有待于科学技术的发展与推行，尤有待于资金的多多积累。故就粮食而论，亦非控制人口不可。

毛主席在《关于正确处理人民内部矛盾的问题》中说：“我们准备在几年内，把征粮和购粮的数量大体上稳定在八百几十亿斤的水平上，使农业得到发展，使合作社得到巩固，使现在还存在的农村中一小部分缺粮户不再缺粮，除了专门经营经济作物的某些农户以外，通通变为余粮户或者自给户，使农村中没有了贫农，使全体农民达到中农和中农以上的生活水平。”主席这些话是从他心中说出来的，这是全国人民之福，倘能把人口控制起来，这个崇高的愿望，不难成为事实。

十、几点建议

（一）1953年举办的第一次全国人口调查，使我们对于全国人口按性别划分，按年龄组别划分，按民族构成划分和按城镇与乡村划分，都能够明白它们的对比和真相，这是很好的，但要实施明健的人口政策，和帮助科学家进行研究工作，还必须认真举办关于人口动态的统计，如出生、死亡、结婚、离婚和迁徙等都应有完整的统计公布。因此我建议在1958年至迟在1963年进行普选时，再进行一次人口普查，使我们可以知道这五年中或这十年中我国人口增长的实际情况，接着认真举办人口动态统计，在这个基础上来确定人口政策，一面把人口增长的数字订入第二个或第三个五年计划之内，使以后计划的准确性可以逐步提高。

（二）我们在上面已谈到夏威夷群岛的人口并不跟着食品的增加而增加，主要原因是因为该处的居民不是喜欢多子多孙的。但在中国情形适相反，宗嗣继承观念太深，只要生活好一些，便想娶女子，便患无后代，便畏出远门，便安土重迁。加以种种封建社会的残余思想，如“早生贵子”、“儿孙满堂”、“五世同堂”、“五世其昌”、“多福多寿多男子”等等，支配着他们的行动，所以在妇女心理中，以生子为天职，以不育为大耻；在父母心理中，嫌儿媳不生育，重婚纳妾，理所当然。但要节制生育，控制人口，第一步要依靠普遍宣传，使广大农民群众都明知节育的重要性，并能实际应用节育的方法，一面大力宣传早婚的害处，迟婚的好处，大概男子 25 岁、女子 23 岁结婚是比较适当的，但暂时不考虑修改婚姻法，理由是把结婚年龄提高，在原则上是对的，但是由于节制生育的宣传教育还做得不够，农村中老少男女还没有普遍明白节制生育的理由和需要，操之过急不免发生副作用，恐农村中的青年男女怕婚姻法修改后提高结婚年龄，影响他们的结婚，不免发生争先恐后结婚的情况。俟宣传工作收到一定的效果以后，再行修改婚姻法亦未为晚。如婚姻法修改之后，控制人口的力量还不够大，自应辅之以更严厉更有效的行政力量。照目前的计算，国家在每个孩子的教育及就业装备上要支出一万元上下。一般人往往不够了解，一个孩子要求家庭的开支，还抵不上要求国家的开支大，因此国家理应有干涉生育、控制人口之权。况控制人口，为的是要提高全国人民尤其是农民的劳动生产率，借以提高他们的物质和文化生活水平，使他们能过更快乐更美丽的生活。

（三）实行计划生育是控制人口最好最有效的办法，最重要的是普遍宣传避孕，切忌人工流产，一则因为这是杀生，孩子在母体里已经成形了，它就有生命权，除非母亲身体不好，一般不能这样做；二则会伤害妇女的健康，使之一生多病，我有几个亲戚身体本来很好，刮了子宫后不是生这样病，就生那样病；三则会冲淡避孕的意义，年轻的妇女们就会不关心避孕，把希望寄托在人工流产上；据北京几位名医谈话，有些人刚作过人工流产，很快又怀孕，又跑到医院里去吵闹，主要原因是依赖人工流产，不认真避孕了，尤其是男子，对避孕不负责，不积极，只图自己一时的快乐，不顾女子长期的痛苦，实在太不公平；四则会增加医生的负担，苏联人口只有两亿，而医生有 35 万之多，病床有 1 354 000张，我国人口大于苏联三倍以上，而能做人工手术的恐怕不到6万人，医院情况已经很紧张，若再把人工流产的任务加在他们的身上，深恐耽误其他的治疗工作。因此，我诚恳地请卫生部好好地考虑。

说　明

附表一　　农民每人每年为国家创造的财富

	1953年	1956年
（一）农民为国家创造的财富：		
1. 按农业总产值计算：		
农业总产值（按1952年不变价格，亿元）	499.1	580.3
每人平均（元）	102.8	112.2
2. 按农业净产值计算：		
农业净产值（按1952年不变价格，亿元）	369.5	426.9
每人平均（元）	76.1	82.5
3. 按农民直接向国家缴纳的部分计算：		
农民直接缴纳部分（农业税及附加、公债，亿元）	27.1	37.3
每人平均（元）	5.6	7.2
（二）农民人口数（万人）	48 546	51 723

［说明］

1. 农业总产值和净产值均系用计算国民收入时所用数字，农业总产值比现在预计数约大5 000万元是为了和农业净产值口径取得一致。

2. 农民人口数系全年平均人数。这个数字比谭震林同志在《关于我国农民收入情况和生活水平的初步研究》一文（见《人民日报》5月5日第三版）所引52 800万人为小。

3. 1953年农民直接向国家缴纳的部分只包括农业税一项，1965年除农业税外尚有农业税附加29 900万元和公债13 800万元。

工人每人每年为国家创造的财富

指标	计算单位	1953 年	1956 年
（一）工业生产的全部价值计算			
工业总产值（不包括手工业的全部工业）	千元	35 576 744	57 136 410
生产人员数			
全部生产人员	万人	505. 28	646. 788
生产工人	万人	419. 5	459. 76
每人平均创造价值			
每一生产人员平均创造价值	元	7 041	8 834
每一生产工人平均创造价值	元	8 481	12 427
（二）工业生产的新创造价值计算			
工业净产值（不包括手工业全部工业）	千元	11 572 291	19 567 090
生产人员数			
全部生产人员	万人	505. 28	646. 788
生产工人	万人	419. 5	459. 76
每人平均创造的新价值			
每一生产人员平均创造的新价值	元	2 290	3 025
每一生产工人平均创造的新价值	元	2 759	4 256

[说明]

1. 工业总产值是按 1952 年不变价格计算的，不包括手工业产值。这个总产值数字预计较早，因此小于 1957 年计划的预计数和统计公报数，但计算国民收入时却是按这个预计数计算的，所以仍列此数。如果按照 1957 年计划上的 1956 年预计数 575 879 633 000 元计算，则每一生产人员平均创造价值为 8 904 元，每一生产工人平均创造价值为 12 526 元。

2. 工业净产值按 1952 年不变价格计算的，不包括手工业净产值。但国民收入计算时间较早，其 1956 年总产值系预计数，小于 1957 年计划时的 1956 年预计数，并且比实际数亦小。

3. 生产工人数 1953 年按国家统计局年报数，其中国营、公私合营，系年平均数，合作社营和私营由于没有统计年平均人数，故采用了年末到达数。1956 年按

1957 年计划时的预计数。

4. 全部生产人员 1953 年按国家统计局研究室的材料，1953 年全部工业生产人员年平均人数为 5 052 816 人（不包括工业企业附属单位人员）。1956 年国营、地方国营，公私合营、合作社营人员每人生产的价值按 1957 年计划上 1956 年预计数，私营系按照上述经济类型的材料，加以估算而得。

［注］表内最后一项数字（每一生产工人平均创造的新价值 4 256 元），已经把重复部分扣除后计算出来的。现在让我来解释一下：

现代工业的构成是异常复杂的，每种产品的零件，部件常须经由许多地区、许多行业、许多工厂，才能拼凑成功。从原料到成品经过逐步加工有无数次的工序，原料先成为若干中间产品，最后才叫做成品。中间产品具有二重性，就制造它的工厂说是成品，就采用它的厂矿说都是原料。还有更复杂的，例如煤炭，既是煤矿的成品，又是工业的原料，同时又是家庭用的消费资料。因许多产品都有两重性，计算总产值时就发生很大的矛盾。若把中间产品的价值，统计进去，就一定会发生重复，甚至重复至数次以上，以致总产值失去了真实。因此，我们要把中间产品严格地区分开来，不然的话，计算出来的净产值就会偏高，不能真实代表国民所得。

附表二　1953—1955 年国营、地方国营及公私合营工业每个工人装备的生产用固定资产

单位：元

部门	1953 年	1954 年	1955 年
总计	5 273	6 072	6 835
电力部门	51 197	58 828	58 196
燃料采掘部门	5 021	5 574	6 020
铁矿及锰矿部门	1 887	4 407	4 057
化学矿开采部门	828	939	949
其他非金属矿开采部门	952	1 128	3 599
森林采伐部门	497	1 443	2 931
燃料加工部门	18 307	18 643	16 248
钢铁冶炼部门	10 151	12 385	14 411
有色金属开采及冶炼部门	3 362	5 684	6 480

续表

部门	1953 年	1954 年	1955 年
金属加工部门	5 029	5 528	6 035
化学加工部门	9 066	9 867	11 114
建筑材料部门	2 291	2 531	3 641
玻璃工业部门	4 273	3 431	3 502
陶瓷工业部门	2 456	1 925	1 482
橡胶加工部门	4 714	4 372	10 688
木材加工部门	1 210	1 480	1 945
火柴工业部门	466	440	449
造纸工业部门	8 923	9 856	10 307
纺织工业部门	4 943	5 125	5 107
缝纫部门	943	1 124	1 292
皮革及皮毛部门	1 750	2 080	2 471
油脂、肥皂、香料、化妆品部门	6 000	6 090	6 107
食品工业部门	3 373	3 312	3 566
食盐部门	3 653	3 431	3 307
印刷部门	3 072	3 240	3 256
文化、教育、科学艺术用品部门	1 558	1 755	6 292
自来水部门	49 129	54 743	59 557
其他工业部门	4 530	7 087	8 973

［注一］固定资产系指生产设备厂房及一切生产用土地；工人系指直接生产工人和辅助工人（如企业内部的搬运工人、仓库的装卸工人），不包括工程技术人员、行政管理人员及其他非生产人员。

1956 年由于材料缺乏，还不能计算。

［注二］以上两表是请国家经济委员会同志们代制的，特此道谢。

（原载 1957 年 7 月 5 日《人民日报》，
此次发表曾稍作补充。）

我国资本主义工业的社会主义改造*

资本主义工业，经过国家几年来的利用、限制和改造，大部分已经转变为各种中级形式（加工、订货、统购、包销）的国家资本主义经济和高级形式的公私合营。合营前，这些企业通过国家加工订货，初步接受了社会主义改造，但是由于社会主义成分站在企业的外面，企业的生产关系没有大的改变，因而难以进一步改善经营管理，发展生产，满足国家和人民的需要。经过对

* 这篇写作开始于1955年1月，完成于1955年4月底，我写这篇论文是因为我预见到政府本一贯的政策，对民族资产阶级迟早一定会采取和平改造的方式，而且一定采取逐行逐业改造的方式。换句话说，政府一定采取“吃葡萄”的方式，不采取“摘苹果”的方式，决不致大企业一个一个地合营，置中小企业于不顾。北京市由于瑞蚨祥、稻香春、同仁堂的被批准公私合营，三业的同业皆遭受很大的影响。致造成公私合营的同仁堂拥挤不堪，买药者需领牌子排队，而私营药店门前可罗雀，几乎不能维持生活；同时患病者很感不便，大为不满。因此我就想到政府，既认民族资产阶级为四友之一，势必依照“一视同仁”的方针，采取逐行逐业的合营。这对资方来说，是一条光明的道路。而在企业改造的过程中，同时也进行资方个人的改造。但政府亦不会忽视民族资产阶级的两面性，故办法上亦当“有所不同”，这就是说私方要接受公方的领导，就是要接受改造，这是“有所不同”的真意义。把两句结合起来，就是“有所不同，一视同仁”。把企业改造与个人改造结合在一起，以便最后改造成为社会主义社会的企业和公民。

但公方代表在处理内部事物时，也有做得不够合理的地方，如我讲第一方面的矛盾时，讲到公方对私方没有使用的地皮，不予估价，我认为不合理，我的朋友就说我有庇护资方之嫌。不料国务院在1956年2月8日（在本文后一年）规定“土地也应该进行适当的估价”，把这个偏差纠正过来，足以证明我并没有庇护资方之嫌。

国家过渡时期总任务的学习，企业内部积极要求向国家资本主义的高级形式发展，因而纷纷申请公私合营。首先上海市在1953年冬季重点发展了14个公私合营厂，为上海市进一步发展公私合营工业企业的工作创造了经验。这14个厂，包括机械、电气器材、纺织、印染、橡胶等规模较大的有利于国计民生的企业，于1954年1月2日宣布公私合营。经营半年多后各厂职工生产积极性大大提高，经营管理有了一定程度的改善，生产上出现了一片新的气象。

至1954年底资本主义工业正式公私合营的有904户，上海一市直接接受加工订货的大小私营工厂共约8 600余户。1954年在若干种行业中（不是一切行业）存在着若干困难；某些厂家原料供应不足，某些生产任务不多，这都是由于公家在企业发展过程中，因忙于发展生产，没有把它好好地管理起来的缘故。但

这篇稿子曾于1955年5月送请陈云副总理看过，求他指出错误，以便更正。他在回信中说："这篇文章中许多关于政府方面公布过的或讲过的政策，我看了之后，觉得符合情况。关于'有所不同，一视同仁'的说法，后来我改过了一些，改为'既要有所不同，又要在一些方面一视同仁'。因为在一视同仁前面加'在一些方面'几个字，更合乎事实些，绝不可能在一切方面都一视同仁。所以加'在一些方面'几个字，更合乎事实些，立论更牢靠些。"现在我就依照陈副总理的意见，把"有所不同，一视同仁"的标题，改为"既要有所不同，又要在一些方面一视同仁"。

这篇论文是根据公方和私方的意见写成的。当然，从政府主管部门工作人员来讲，对其中某些私方观点，应该批复，但因为我是站在科学研究工作者的地位说话的，故我的说法可以不必与他们完全相同。陈副总理在致我的信中亦认为可以不必完全相同。

事情演变到今日，我在文中提出的所有矛盾，都按照我所提出的解决方法一一解决，我所主张的全行全业合营，亦已完全做到，我的预见已变为现实，心中觉得非常愉快。我平日喜读经济史，以史学研究者的身份，不能预见最近经济发展的趋向，则何贵乎有此史学研究者耶？为慎重起见，最近我把这篇论文送请中央工商行政管理局仔细地核对一遍，并请其作些补充。兹将其补充文字，加以括弧，作为各段按语，列入本文，以供读者参考。

是这些困难，都是改造中的困难，也是前进中的困难。我们曾说过企业在改造中一定有困难，但一定可以克服，矛盾一定可以解决；旧的矛盾解决了，新的矛盾又会发生了；矛盾不断地产生，不断地解决和统一，把整个社会向前推动，直至过渡到社会主义社会为止。现在先把各地工商业人士表现出来的各种不同的矛盾归纳为六个方面，述之于次。

六个方面的各种不同矛盾：

（一）公私之间的矛盾，分为五点：

甲、地方工业和私营工业之间的矛盾。有些是国营有任务，而私营没有任务；或私营任务不足，国营尚在扩建；也有一个地区在停工，别的地区在新建。

乙、国营商业、合作社和私营商业之间有矛盾。社会主义阵地的扩大和私营商业的维持之间有矛盾。

丙、公私合营企业中有公方代表和私方代表之间的矛盾，表现在有职有权，守职尽责方面。有人反映没有使用的地皮，不予估价，认为不合理。

中央工商行政管理局按：丙项，“没有使用的地皮，不予估价”，1955年有些公私合营企业的土地没有估价，或估价很低。但全面合营时，国务院在1956年2月8日发布了“关于私营企业实行公私合营的时候，对财产清理估价几项主要问题的规定”，其中第二项，已规定“土地也应该进行适当的估价”。

丁、在加工订货方面有矛盾，主要表现在工缴利润的偏高偏低，有的工业利润偏高，如铅笔，有的偏低；有的按照工厂改进生产情况，随时核减工缴，失去奖励先进的意义；验收也有过宽过紧；任务分配方面，时有时无，忽松忽紧。

戊、表现在税收问题方面的是：有人反映，工商业系虚盈实亏，资金普遍枯竭。税局执行税法是有问题的。

（二）劳资之间的矛盾，主要表现在改善经营管理和增产节约方面。私营工业的成本和开支，一般高于公私合营工业，而质量、产量一般低于公私合营工业，它的次货多，浪费大，增产节约一般停留在口头号召上，推不动。

（三）供、产、销之间的矛盾，主要表现在不平衡的问题上。其严重性是很多产品原料供应不足，但有的因盲目生产，形成生产过剩，销不出去。需要的东西生产不足，不需要的东西生产过剩；有的地区积压，有的地区脱销。

（四）有利可图和无利可得之间的矛盾。上海一般大型厂反映“有利可图，无利可得”，但一般中小型工厂则反映1954年是“无利可得，也无利可图”。其中有的是牵涉劳资关系方面，如年奖、福利以及不急需的安全卫生设备费用的支出太大，使业务计划和财务计划不能配合。有的牵涉公私关系方面，如交了税款，完成了公债任务，又提了公积金及职工奖金以后，流动资金枯竭了，再没有钱发付股息红利。理应四马分肥，现在三马分了，一马没有着落。

中央工商行政管理局按：“（四）有利可图和无利可得之间的矛盾”，从全国范围来看，下列材料，可供参考。

1. 根据国家统计局的调查，六年来私营工业、商业、饮食业、服务业利润分配情况是：（以盈余为100%）

	1950年	1951年	1952年	1953年	1954年	1955年
所得税	26.53	36.50	35.28	39.87	38.01	35.27
资本家及小业主所得	31.54	24.11	28.99	16.48	19.66	21.21
其中股息红利	20.28	13.81	15.63	9.03	9.20	10.29

估计资本家所得的股息红利约占企业资产净值的3.80%，占资本的5.10%。

2. 根据税务总局的统计：工商业所得税的平均税率是：

	公私合营	私营
1951年	25.95	23.08
1952年	27.99	20.87
1953年	29.22	28.04
1954年	29.60	25.62（查账户31.16，民评户23.50）
1955年	33.66	24.83（查账户29.91，民评户21.79）

根据上述两个统计来看，国家征收的所得税，约在30%上下，资本家的股息平均可占到五厘多。

（五）社会主义改造和资本主义经营管理之间的矛盾：

甲、表现在批发商方面的一般情况是留不下来，转不出去，包不下来。

乙、表现在零售商方面的一般情况是人事臃肿，户数过剩，营业差，利润小，收入少，开支大，收支不能平衡。有人指着代销、经销、批销说“这是社会主义经营，资本主义开支”。

丙、表现在中小工业方面的一般情况是设备差，技术低，资金小，分散落后。1954年任务不足，有的没有任务，改造有困难，维持也有困难，因而有人说“商业一批一批地改造，工业落在后面，工不如商”。

（六）在计划与步骤方面的矛盾：

甲、有人主张慢慢过渡，不宜太快；但遇到有具体困难的业户，要求快快改造，或者急迫希望干脆批准歇业，万不宜拖。一般有条件走上公私合营的户，无一不要求快快公私合营，主要是为了解决困难，放下包袱。

乙、有人认为对工业应该先吃苹果，也有人认为应该先吃葡萄，不然葡萄就会烂了。对商业应该逐行逐业改造，不应该逐户逐店拣好的吃。北京有几家商业合营后，同业很有意见，如北京同仁堂合营后，南京同仁堂的营业额也被带动提高，影响其他同业的营业。

现在我们依照毛主席的“有矛盾，有困难，但有办法”的指示，一定要把以上六个方面矛盾一个一个地解决。解决之后过了一个时期，情况就会好些。预料旧的矛盾解决了，新的矛盾又会出现。不断地出现，不断地解决，而国家向社会主义方向的发展一定逐步地继续不断地上升。

让我们分别讨论一下。

第一个方面的矛盾——公私之间的矛盾

第一方面的矛盾（公私之间的矛盾）分为五点，第一点：

矛盾——地方工业和私营工业之间的矛盾。有些是国营有任务，而私营没有任务；或私营任务不足，国营尚在扩建；或一个地区在停工，别的地区在新建。

实际的情况：

目前在若干种行业中存在着若干困难，某些原料供应不足，例如针织工业，几年来年年向上发展，原料供应和产品数量也年年增加，但今天在原料供应上有困难了。又如制革工业和皮件工业，在生产皮球、皮鞋、皮箱等厂中，也觉得原料供应有困难，因此任务当然不足了。但也有因盲目生产，形成生产过剩，因此任务不足了。例如制药工业中的针剂、片剂以及医疗器材工业，皆有生产过剩、任务不足之感。

木材加工工业，主要在东北及其他大城市中，很有困难，原因是木材在产地加工，大材大用，小材小用，在国营建筑部门中也自行加工，因而在私营工业中加工数量就减少了。金笔等文具工业，在解放时户数不多，因为生意很好，大量发展，现在就过剩了。另外有些行业五年来有了相当的发展，从发展中带来了困难，如机器、电机及医疗器械就是发展太快了。

有的工业，国营有发展，大的工厂建设完成，就投入生产，这是很必要的（如沈阳电机厂）。有的工业，地方国营有发展，有的私营有发展，有的双方都有发展。

追究以上各种发展的原因大致为：

甲、在抗美援朝中前方需要大量的慰劳品；

乙、基本建设方面的需要，对机器工业及电机工业刺激很大；

丙、商业部门在加工订货中有盲目性，需要量不够正确，计划性不强，如1954年上半年“泻肚子”，下半年又“争货源”，相隔不过几个月，来了一个大转变，这些助长了盲目生产。

中央工商行政管理局按：“追究以上各种发展的原因大致为”，指出了三点，大体和陈云同志在扩展公私合营工业计划会议上讲的相同。我们记得陈云同志大体是这样讲的，供参考：甲、主要是“抗美援朝的军事加工订货”；乙、主要是“1953年开始的基本建设，大量进行机电加工订货”，丙、主要是“由于社会需要一时很难摸清，过去加工订货大部分只有金额计划而无产品产量计划，商业部在1953年上半年压缩库存，下半年又扩大加工订货，其中是有一定盲目性的，各方面的订货增加，工厂就增加设备，加班、加点和增加工人；1954年订货减少，设备和工人就过剩。”并不完全是商业部的问题。

总而言之，目前困难的情况如陈云副总理所说：“（1）公私皆有的行业，公私皆有困难（如第一机械工业部某些厂也有停工现象），不过私营的困难更大些；（2）全国各地皆有困难，不过上海、天津向为工业集中的老基地，其困难比较更大些，譬如机器工业，有的在内地发展了，也就影响了上海和天津的机器工业。这些都是由于工业发展了，领导上没有加以管理的缘故。由此我们可以得出一个结论——无论何种工业，在发展时，必须加以管理。这是从过去几年经验中得来的教训，可以说是在过渡时期中的一个原则。如果发展不加管理，就不免造成盲目生产。过去有些工业，只要很好地加以组织，就不必大量扩充。如机器工业的潜在力很大，本来不必扩充设备；由于我们在发展中没有加以管理，才造成了困难。过去我们只看到发展的一面，没有想到发展后结果的一面。此后我们要好好地利用这个教训——任何工业在发展中，必须加以管理。我们刚刚在第一个五年计划的第三年，而过渡时期相当长，日后经验更丰富，不难把这个原则肯定下来。”

中央工商行政管理局按：陈云同志讲话的要点如下：

1. “从经济类型来看，公私都有困难，但因国营工业的生产任务和原料分配得多些，困难就少些。某些私营工业的生产任务和原料分配得少些，困难就多些。”

2. “从地区来看，全国都有困难，但由于解放后新建的工厂都在内地，各地地方工业，不断增加产量，就近使用原料，减少向上海、天津进货（同时上海、天津的私营工业，亦有某些盲目发展），以致上海，天津的困难最为突出（如以机械业来说，则沈阳也很困难）。不过上海、天津向为工业集中的老基地，所以困难更大。”

要管理在发展中的工业，正如陈云副总理所说，必须依据下列两个具体条件：（1）私营全部原料或绝大部分原料要由国家掌握；（2）私营全部产品或绝大部分要由国家统销。如此办理，就能把私营工业纳入国家计划之中，不致再有盲目生产之危险。仅国营有计划而私营没有计划是行不通的。在1954年以前，还没有这样的条件，目前有了条件，可以在生产上逐步提高计划性了。纱布实行统购统销，所以棉纺织业的生产比较稳定，就是一个例子。

解放以来，在五年中，我们没有把管理私营工业生产的领导机关建立起来，而各地工商行政管理部门也没有领导私营工业的生产。商业部是掌握加工订货的机关，1951年至1953年间尚能担任这个任务，现在仅靠商业部不行了。轻工业部也管不到那样多，那样深。中央各个部，大多自己忙不过来，管不到私营工业。1954年成立了地方工业部，既管地方国营工业，又管私营工业，可惜时间上迟了一些。

中央和地方都须建立和加强对私营工业的管理领导机关，地方工业部要很快地开展工作；一个部不够，可以增加新的领导机关。大的城市须建立几个工业局，不按经济成分分局，而按行业性质来分，用“一条鞭”办法来管理和领导。一个局把全行业的国营、地方国营、公私合营、合作社和私营一起管理起来，作全面安排，在各行各业和公私之间，逐步做到有一个统一的平衡的计划。如是国营工业和私营工业之间的矛盾可以暂时解决，不致再有“国营有任务，私营没有任务”或“国营尚在扩建，私营任务不足”的现象发生。所以按行业性质来分，用“一条鞭”办法来管理，是根据以上这个原则订出来的办法。

矛盾的解决方法：

依“一条鞭”的办法，只要国营可以让出一部分原料和产品，就由国营让出一部分生产任务和原料给私营工厂，使之能够维持生产。一面利用现有工业，控制管理并减少新建和扩建，如原拟五年计划增加纱锭 270 万，现在可以减少一些。但这样做并不等于把所有落后的工厂原封不动地保存下来。一部分工厂仍须被淘汰。政府的方针，希望是有的加以改组，有的以小并大，有的须搬家，有的须淘汰，原封不动地保存下来，是不可设想的。南通大生纱厂带一个嘉定的小厂，就是个以小并大的好例子。华东地区铅笔厂最多，可是西北地区一家铅笔厂也没有，两地区之间未能合理分工，似有搬家之必要。

但许多行业并没有国营工厂，有之亦很少，如医疗器械等，国营让无可让，即或能让亦不多。因此不仅公私之间须加以调整，即私私之间和地区之间亦须加以调整。尽一切可能了解各行各业（有问题的和没有问题的）的生产情况、设备能力、原料供应和销售情况，加以研究和安排，使已有问题发生的行业，得能解决其问题；没有问题发生的行业不致再发生问题。

第一个方面的矛盾（公私之间的矛盾）第二点：

矛盾——国营商业、合作社和私营商业之间有矛盾。社会主义阵地的扩大和私营商业的维持有矛盾。

这个问题的讨论，移至资本主义商业的社会主义改造一章，本章专讨论资本主义工业的改造，故不赘。

第一个方面的矛盾（公私之间的矛盾）第三点：

矛盾——公私合营企业中有公方代表和私方代表之间的矛盾。表现在有职有权，守职尽责方面，有人反映有了职位，没有工作，又有人反映“守职容易尽职难”。表现在清产定股方面的，有人反映没有使用的地皮，不予估价，认为不合理。

实际的情况：

在公私合营企业中，公私关系是比较突出的。公私关系有正常与不正常两种情况。不正常的关系，大致表现在有职有权，守职尽责的问题上。据反映合营后，企业好了，工作多了，但私方却感到无事可做。究竟责任应属哪一方面呢？大致有三种看法：

1. 责任在于私方，下面四点可以说明：

子、私方认为合营后问题解决，万事大吉，一切依赖公方；或则有些私方在合营前即参加社会活动，合营后，更弃企业于不顾，专心于社会活动。

丑、合营后，企业性质改变，私方所熟悉的工作，一般空起来了。但新的经营管理方法，私方还没有好好学习，以致插不下手，形成真空阶段，无事可做。

寅、私方存在自卑思想，工作不主动，公方叫做什么就做什么，就有意见也不提。

卯、私方对于结合企业改造，进行个人改造，认识不够。

2. 责任在于公方，因为公方认为要搞好公私团结，它应起主动作用，所以事先往往不与私方充分协商，既不指出私方的缺点，亦不表扬它的优点。

3. 责任在于公私双方，私方没有诚心诚意地接受领导，公方也没有主动地教育私方，帮助其改造，没有重视统战工作。

矛盾的解决方法：

工商行政管理局的负责同志也承认，过去对私方代表的改造工作做得不够，有些人安排也不够恰当，有职有权，尽职尽责也未完全做到，故有的私方代表感到合营后无事可做。今后工商行政管理局要注意下面几个环节：

1. 公方必须贯彻政府的政策，使私方有利可得，有事可做。

2. 公方在企业中办事，必须事先与私方充分协商。

3. 根据私方的能力和职位分配适当工作，使之有职有权，并应帮助私方解决困难，指出缺点，表扬成绩，勿太客气，但亦不可太粗暴。

4. 对进步的与中间的，固应团结，教育、改造与使用，对落后的亦不能放弃，应争取他们，改造他们，加以使用，对破坏者则应提高警惕，于必要时依法予以处理。私方有的抗拒社会主义改造，消极怠工，抽逃资金，破坏生产，用金钱主义腐蚀职工，大部分摇摆不定。这种情况增加了工作上的困难，必须彻底铲除。

贯彻政府“有职有权，守职尽责”的政策，同时彻底消除资方的破坏作用。

中央工商行政管理局按：“矛盾的解决方法”：“工商行政管理局的负责同志也承认，过去对私方代表的改造工作做得不够，……今后工商行政管理局要注意下面几个环节……”按照文章中的意见来看，可能是1955年1月5日国务院（八办）召开的私营工商业问题座谈会上，国务院第八办公室许涤新副主任的发言。依此来看：

1. 承认工作做得不够这个问题，许副主任发言中有这样一段：“从过去一年的情况来说，我们对公私合营工作，基本上是成功的。……但还存在着一些缺点：（1）在进行企业改造时，对资本家及其代理人的改造注意不够，少数企业在人事安排上不尽妥当，有些企业，私方代表还未能‘有职有权’、‘尽职尽责’。这问题应引起重视。（2）有些企业在合营后，不顾供销平衡，盲目增加产量，致质量下降。这是主观主义的做法，加重了供销平衡的困难。（3）对于原有合营企业的整顿工作做得不够，有的还未进行整顿，有些则整顿了尚未巩固。”

在发言中还提到资方的积极性和消极性。

2. 今后要注意“下面几个环节”这四点，许副主任的发言是这样说的：

“（1）公方必须贯彻国家对于资产阶级的合法权益政策（如人事安排、清产定股、利润分配等）。（2）企业内部应兴应革的事，尽可能的要在事前与私股充分协商，理由是：私方对企业情况熟悉，有经验。（3）根据资方的能力，职位，分配他们以适当工作，使其有事可干，有职有权。有困难应帮助他们解决；有缺点应指出；有错误应批评；有成绩就应表扬鼓励。（4）在合营企业中，对进步、中间分子固然要团结、教育、使用他们；对于落后分子，亦不应放弃使用和改造，应该争取他们倾向进步；对顽固破坏分子，要保持警惕，并采取适当的办法加以惩处。”

3. 原稿“4”最后一句：“私方有的抗拒社会主义改造……大部分摇摆不定。这种情况增加了工作上的困难，必须彻底铲除。”

上述许副主任发言也有类似的一段，原文是：

“但亦有一些人把合营作为丢包袱的办法，而不去努力创造条件，还有一部分资本家用种种办法来抗拒社会主义改造，例如消极怠工，抽逃资金，用加薪的手段腐蚀拉拢部分落后职工，有的更加恶劣，破坏生产设备，抗拒把企业纳入公私合营的轨道，这些情况，无疑地增加了我们工作的困难。”

以上所引许副主任发言，可供参考。

第一方面的矛盾（公私之间的矛盾）第四点：

矛盾——矛盾表现在加工订货方面的有：（1）工缴利润的偏高偏低，有的偏高（如铅笔），有的偏低（如文具）。（2）有的按照工厂改进生产情况，随时核减工缴，失去奖励先进的意义。（3）验收货品有时过紧，有时也过松。（4）在任务分配方面，时有时无，忽松忽紧。

甲、矛盾——工缴利润的偏高偏低。

实际的情况：

几年来中央商业部始终执行陈云副总理指示的；“按照不同情况，保证私营工厂按其资本计算，在正常合理经营的情况下，每年获得10%左右，20%左右，到30%左右的利润。这个利润是按正常合理经营中的中等标准来计算的。某些工厂成本低，质量高，便可以得到比较多的利润。反之某些工厂成本高，质量低，它们所得到的利润便会比这低一点。”工商界代表一提到加工订货，也承认私营工厂一般有利可图，这证实了工商部（现称商业部）贯彻了这个原则，因而利润有高低之别。

矛盾的解决方法：

今后仍希望继续贯彻陈副总理指示的原则。但在实际执行中，由于计算生产、成本的方法极为复杂，工厂设备和生产条件等又多不同，因此仍不免有偏高偏低的现象。今后只有在不断改进工作中，逐渐做到更加合理。任何一方，如认为过去有不合理之处，可以重新提出协商，加以调整。

乙、矛盾——按照工厂改进生产情况，随时核减工缴，失去奖励先进的意义。

实际的情况：

资方说：“由于增产节约之后，成本有了降低，工缴也可以降低，但把增产节约以前的也要减，使企业利润减少，则增产节约对企业不起刺激作用。有时成本送到国营企业那里核减了，但私营企业不知那一项应减，所以核减对企业不起指导作用。”

有人反映，政府对代用品创制缺乏奖励，大丰化工厂是一个好例子。该厂制造某种产品，原来生产成本为1 700元，实际核价1 500元。后资方增加设备10万元，成本降低400元，核价随之也降低400元，结果还是亏本。这样对今后增加设备，降低成本的积极性就消灭了。我们不但对降低成本要予以奖励，对新产品的出产也应加以奖励。现在工厂出品，还是老花样，新产品太少，似应注意技术改进，仅靠验收不够掌握。

矛盾的解决方法：

闻公家方面对技术改进、提高生产率所增加的利润拟作如下的处理：在保证产品质量的前提下，由于改进技术、节约原料、提高质量、降低成本所增加的利润，在半年内应归工厂所有；过了这时间，大家再协商。这样做，可以奖励私营工业的积极性，对国家企业都有好处。

丙、矛盾——验收货品过紧。

实际的情况：

关于私营工厂按质交货往往以次顶好，使国家遭受损失的问题，公私双方各有意见。私方认为国营商业对商品检验有时过严，有时很松，特别是要货供应市场时，就对检验工作放松。公方亦认为这是事实，不过这个问题的关键之所在，是由于目前检验的办法，除了一部分商品已采取科学方法检验外，还有不少商品不能不凭限（比如搪瓷制品、皮革制品等），不能不凭手（比如棉产区收棉和呢绒毛线产品），不能不凭嘴（比如茶叶，糖果罐头食品），不能不凭耳（比如乐器）来辨别质量。这种方法当然是不十分科学的，但在目前条件下，检验仪器不足，不少商品还没有适当的检验仪器，暂时还没有更好的办法来检验。现在加工订货中，产品品质虽有不少改进，但由于一部分厂方粗制滥造，不顾质量，只求数量多，利润大，乘国营公司加工订货中要货急迫，不可能件件检验，只能是采取抽查办法，所以往往在商品到了批发部门批售出去，到了合作社、零售公司、私人零售店出卖时，才发生问题；或者到了使用部门，消费者买回去使用时才发生问题。关于这方面的例子，多得不可胜数，在这里不可能一一列举。（1）有关于日用百货方面的，如上海某厂制的军用胶鞋底一穿即断；（2）有关于工业器材方面的，如某种机器全部不能达到最低标准，如交电公司加工之皮线，规定长度为三百米，但发现长短不一，长的人家买去当然不说话，短时就要求国营赔偿；（3）有关于医药方面的，情况更严重，因为这是和人民生命直接有关的，如北京某厂产的磺胺嘧啶片（消炎用的）经过卫生部门检验，有 80% 不合格。

矛盾的解决方法：

由于这些厂的只图私利，不顾公益，粗制滥造的结果，不仅使国家遭受损失，而且与人民生命安全有关，所以对商品检验，决不能放松。加工订货时，一定要在合同上载明产品规格和品质，并且要采取严格的检查办法，进行检验。有些产品需要化验的，一定要进行化验。同时也应要求工厂，对产品品质实施严格检查，应建议各工厂，必须有检验产品规格的人员，主持此项工作。产品规格和质量好，不仅商业方面便于出售，而且能取得购买者、消费者的满意，可以扩大销路，促进工厂扩大生产，保证满足人民日益增长的需要，同时也能保证工厂获得正当利润。这是私营工业应走的方向。

丁、矛盾——任务分配方面，时有时无，忽紧忽松。

实际的情况：

加工订货的计划性，对公方来说，有时不免有出入，政府机关对私厂任务的计划性不够正确，比如北京有一家麻袋厂，做了麻袋的计划，计划局口头指示他们，可照计划做，但不肯书面批示。以后纺织工业部就照他们的计划调拨（用自己原料，产品由国家调拨），直至 1954 年五六月份才说不能多生产，需要减产一半左右，而实际上，他们在半年内已完成计划 70%—80%。后来为了服从国家计划，10 月份起减产，停工两个月，受了损失。所以他们希望今后政府部门对私厂计划的正确性要加强。

国营公司在加工订货方面，是有盲目性的，计划性不够强，需要量不够准确，这是事实。但另一方面，我们也要考虑到加工订货的商品，大部分是供应社会消费需要的，而人民消费需要，是往往有变化的，同时在我国国民经济中农业比重大，不能没有季节性，农产品原料又不足，一部分依靠进口的工业原料，也往往不能及时进口，因此表现在加工订货方面，就难以做到完全没有时多时少的毛病。

北京大学是一个小单位，在支出方面一切似可按预算计划进行，但也有例外。例如 1954 年度决算与预算相较，完成情况较差者为固定资产设备购置费，只完成 88%。主要原因是因为仪器设备采购有种种困难，不能完全按计划进行。在编制预算及在调整预算时，计划采购某种仪器的钱准备了，但常常无货；钱不准备，又忽然有货进口，或在某地发现有货。由于这种情况，就往往使提出预算的各系科及主管单位在编造预算时有偏高的倾向。

但时多时少，时紧时松的错误，不一定全在公方。私营工厂往往把加工订货的任务看做单纯的买卖关系；在淡季没有生意或生意减少的时候，要求加工；在旺季生意好的时候，拒绝加工。因此国营方面本身固须加强计划性，但对私营工厂亦须加强具体领导。

私营工厂必须要认识国家加工、订货、包销、收购计划准确完成的重要意义。目前上海一市直接接受加工订货的大小私营工厂共约 8 600 余户，其间接为国家的加工订货进行零件、加工等生产的工厂为数亦属不少，实际上，可以说整个上海私营工业已形成为业业协作与相互依存关系，也可以说它通过加工订货已与国家在经济上建立联系打成一片，发挥了有利于国计民生的积极作用，为国家计划经济的执行，创造了良好条件，决不能把加工订货视同单纯的买卖关系。

矛盾的解决方法：

供、产、销是一般生产活动的前提，没有机械设备、材料和电力等生产工具的供应就根本不可能进行生产；供应不经常，生产必然也不可能经常。自 1953 年下半年以来商业部已尽了最大努力，注意淡旺季生产的均衡安排，工作上虽已有改进，仍然是不够的。1955 年工业方面统一安排后，情况可能会好些，但估计仍然不是一下就能做得很好的。

第一个方面的矛盾（公私之间的矛盾）第五点：

矛盾表现在税收问题上。有人反映：工商业是虚盈实亏，资金普遍枯竭，税局执行税法是有问题的。

实际的情况：

他们说税务问题中有一个矛盾，就是税务机关一定要完成国家税收任务，与私营工商业的负担能力有一定的距离。税局认为，工厂有一定的生产任务，就有一定的工缴利润，因此也就必须完成一定的税收任务。但私营企业的管理很落后，达不到估计中的利润，这一问题始终没有解决。因此他们要求税局必须把征税工作与改善私营工商业的经营管理结合起来。他们以上海染织业工厂为例，说上海染织业工厂的生产任务与另一个厂相同，因此所得税也应该一样；但因为它没有烧碱回用设备，一个月浪费 1 万元，九个月浪费了 9 万元，而所得税还是 5 万元，所以这个厂就赔钱，对缴税有意见，而另一个厂则有盈余。于是他们以为贯彻协商精神很重要，事实证明：凡是事先经过协商的问题就比较容易解决，税收工作也就顺利，否则问题就多。

中央工商行政管理局按：“实际的情况”第一段，据我们所知：历来国家的税收计划是根据税源与税法制定的，政策与任务是完全一致的，由于对税源不摸底，有时税源缩小了，在这种情况下，如果不能完成任务，也是完全允许的。因此，并没有矛盾。

“说上海染织业工厂的生产任务与另一个厂相同，因此所得税也应该一样；但因为它没有烧碱回用设备，一个月浪费了 1 万元，九个月浪费了 9 万元，而所得税还是 5 万元……”根据我们所知，这是期中估征，在年终汇算清缴的时候，还是有盈余课税，亏本的将估征的部分退还企业。这样国家税收任务与私营工商业的负担也不发生矛盾。

有人反映税务方面存在的问题，主要是税局对税法的解释不一致。西安有四个区，依同样的办法纳税，在甲区算合法，在乙区算违法，他们希望税务总局对税法的解释能统一一下。

这个问题很复杂，由于费用支出和资本支出的问题，包括低值易耗品的具体解释，大修理和小修理的划分问题。

因企业规模的大小不同，所以一只价值两三百元的小马达，在大企业，可能当成低值易耗品处理，而在小企业则可能成为主要的动力设备。又如有些价值很大，可能是易耗品，有些价值很低，可能不是易耗品。在上海列为低值易耗品的就有几千种之多。国营企业对低值易耗品的规定也不一样，计算亦不同，重工业的规定和轻工业合作社的规定也不一定一致。又如大小修理划分问题，也不易解决，因为牵涉到是否增加设备的价值，是否增加使用效能和延长使用年限等各种标准问题。这些问题 1954 年汇算时，只能根据实际情况由税务机关和工商界协商确定。

矛盾的解决方法：

今后公家准备从 1955 年起责成税务机关选择某些条件较好的行业（如棉纺、卷烟等）分类排排队，分别进行调查研究，摸一摸底，能否在同一行业中，找出一个大体可以适用的标准来，逐步解决这个问题。在解决工作中，工商联和同业公会对税务机关当然要加以协助。

守法违法的界限问题——必须说明，由于税法上某些规定不够明确，各地解释不能一致，所以有些工商户漏税，并非出于故意，或被税局错征的也有。但另一方面，也有不老实的工商业户，利用财政机关工作中的缺点钻空子的。这就造成了守法违法界限的不容易划清。

为了解决这个问题，今后的办法是：凡税法有明确规定，应纳而未纳的税款，就是偷税，应算违法。规定不明确，又未能判明是有意钻空子，这样的是漏税，不算违法。至于税务机关，因解释不一致而误征了的，查明后应随时纠正。

第二方面的矛盾——劳资之间的矛盾

矛盾——劳资之间的矛盾：主要在改善经营管理和增产节约方面，私营工业的开支成本，“一般高于合营工业，而质量产量一般低于合营工业，它的次品多，浪费大，增产节约一般停留在口头号召上，推不动”。

实际的情况：

对于中小工业，单纯的思想教育还不能解决问题，必须与企业改造密切结合，必须帮助他们改进生产，提高技术，降低成本，反对粗制滥造。过去照顾落后的政策是对的，但不能老是照顾，以致停滞不前。私营工业的开支所以大，其中一个理由是工资高。对于上海的工资改革问题过去还未办到，但实际上应不应办，民建会与工商联可以考虑，因这也是社会主义改造的内部问题之一。广州本来也是一个高工资的城市，工资改革，做得很好，各地似可仿行。无论如何，工人福利确实高的应降低，以适合国家统筹兼顾、各得其所的新措施。

私营工厂产品的质量，一般低于合营的，为满足人民需要，应注重产品质量，这就须从推动工人提高质量方面着手，而不应从工缴方面着手。但在私营工厂的生产关系未曾改变以前，要鼓励工人的积极性，也是不容易的。至于检验产品质量，责任有些不明确，例如布发生了次品，有的推纱不好，有的说织的不好，也有怪染料不好。像这种情况究竟责任在谁，很难断定。希望政府有统一的检验机关，解决责任问题。

奖励先进，照顾落后，淘汰有害，这是对的；但不能老是照顾，致使其停滞不前，所以要把奖励先进的精神贯彻下去，使中等经营标准的再努一把力。过去工厂技术一提高，成本一降低，工缴就立刻调整，以致资方代理人就有不正确的想法，认为何必提高技术。现在公家已决定把由于提高技术而得的盈余，在六个月至一年内可由厂方所得，工商业中人认为很满意。

根据党在过渡时期的总路线的原则和精神，国家对私营工业予以加工订货的任务，把产品的种类、数量、规格、价格、原料的耗用量、验收标准、交货日期等要求都规定在合同上，因此这个合同就是国家计划的具体表现，私营工业必须保证按时按量按质完成国家给予的任务，必须及时地供应全国基建、军需民用的需要。所以过去有一部分人把加工订货单纯理解为“生意买卖”的看法，是大错而特错了，应该把它看作为“自始至终的严肃工作”。要晓得私营工厂只要为国家加工订货，就已经不是一般的私人资本主义企业，而是一种中级形式的国家资本主义企业了。它对于国家经济计划的完成，不但负有道义上而且负有法律上的责任，决不能视同普通的买卖关系。若私营工厂不按照合同办事，经常出次货和脱期交货，使有些商品大量堆存仓库，则不但影响了国家计划的完成和浪费宝贵原料，损害人民的利益，而且对其企业本身的改造和前途，也会发生不良效果。

有些工业，不仅浪费宝贵的原料，而且有粗制滥造品质低劣等情形。上海 38 家橡胶业私营厂，在 1954 年 6 月份产品中就有 22 000 打次货胶鞋，浪费了 60 吨橡胶。他如五金翻砂、元钉、铝器、针织内衣、搪瓷等业的次货也很严重。各地消费者对品质低劣的产品，意见是很多的。产品品质低劣，不仅影响了销路，使企业遭受困难，而且也浪费了国家宝贵的原料。

但资方有人辩护说：我们很多私营合营的工厂，由于检验产品品质的仪器缺乏，以致定出的标准规格并没有严格的科学依据，所以在厂内发生次品率忽高忽低，在交货时发生退货忽多忽少的情况。这是资方的辩护。但据上海某纺织厂的工程师的反映，解放后整个社会固然有了极大的变革，但在私营企业中工作的技术人员，仍然受着严重的束缚。由于资本家的经营方针完全从唯利是图的目的出发，以致整个工业混乱而无计划，对生产和技术不够重视，更谈不上设备上的改进，只要是有利可图的“任务”就接受下来，到期交不出货，就拼命催赶，赶出来的货色质量上有问题，就叫技术人员去办交涉。有时技术人员为改进生产提出建议，资方不是强调困难，就是敷衍了事。

私营工厂不能按质按量按时交货，所以政府派员驻厂监督加工，订货任务能够按期、按质、按量完成，是国家加强对私营工厂社会主义改造的另一种重要措施；一定要先搞好加工订货，才能自加工订货中级形式进入高级形式的公私合营，故加工订货是为高级形式的公私合营创造条件。

驻厂人员，不但监督资方履行合同完成任务，而且要督促资方改进生产和经营管理。在改进生产时，既要进行企业改造，也要对资方进行思想改造。资方有的觉得很自卑，就得结论说“企业改造容易，个人改造困难”，其理由是企业改造有党和公股的领导、工会和职工群众的监督、国家的支持，又可以订计划，订指标，所以比较容易；个人改造，“孤零零”既不能订计划，更不能搞指标，所以困难。这样就会在思想上把企业改造和个人改造分了开来。殊不知企业改造，其目的是在改进生产，而改进生产是资方思想改造的物质基础。驻厂人员要监督资方遵守政府的各项法令政策，制止资方的一切违法行为，一定要不断地与资方违法行为作斗争，这对资方说来，就是直接改造资本家个人。

派员驻厂的性质，与公私合营的公方代表的性质不同，他们不是直接参加经营管理的，乃是推动、监督、协助资方搞好生产，完成加工、订货的合同任务的。一切管理企业，进行生产的责任，还是全部要由资方来负责，因此派员驻厂，并不改变企业的性质，资方应主动努力充分利用企业改造，成为个人改造的有利因素，把企业的逐步改进成为逐步进行个人改造的动力，反过来，又以个人的进步思想来推动企业前进，只有这样，我们才能在企业改造的同时，个人也得到改造，才能把企业改造和个人改造有机地结合在一起，这一切全在乎资本家“主观的努力”，无所谓“容易”与“困难”之分。在这里我们又得了一个原则——就是企业的改造和个人的改造一定要有机地结合在一起。

矛盾的解决方法：

在资方，接受公方的指导，把企业的改造与个人的改造结合起来，努力学习，提高技术，降低成本，改进生产。在公方，奖励先进，淘汰有害，照顾落后，但不能永远照顾，致使其停滞不进。

第三方面的矛盾——产供销之间的矛盾

矛盾——产供销不平衡的问题很严重，很多产品原料供应不足，不需要的东西生产过剩。有的地区积压，有的地区脱销。

矛盾——关于原料供应不足。

实际的情况：

如棉纺工业，因 1954 年水灾严重，棉花产量减少，1955 年生产任务减少，其好处可趁减工停工时期检修机器，但有些行业建议加强外销工作，采用以纱布调换棉花进口办法，可以继续照常生产，充分发挥生产潜力，继续降低成本，提高利润，并且不影响工资收入。

有时因原料分配不妥，偏于一方，致形成供应不足。如广州工业界反映，皮革的分配最近两三年来分配在广州的很少，因而使制革业生产陷于半停工的状态。原料供应问题在中南区也很严重，尤其是在自产自销的工业中。

国营公司因原料供应不足，减少对私营工厂的加工订货任务，因此对私商不能按时按质调拨，对私商营业额影响很大。另一原因是过去私商可以向外地进货，现在受地区差价限制，又因取消了批发商，私商只能依靠国营，因此货源问题对私商有很大影响。

原料供应既然如此困难，势必设法克服这些困难，其办法不外乎组织节约和推广代用品。其已经实行而且有成就的有如下几种：

1. 降低原材料的消耗定额。如火柴工业方面，以松香代部分石蜡，不但降低消耗定额，且提高了品质。

2. 降低燃料、电力的消耗定额。在用电用煤方面，1954 年 1—9 月，在 200 匹马力以上工厂中推行节约用电的结果，共节约电力 3 200 万度，可用以纺制 16 万件棉纱。1954 年 9 月、10 月两个月，在用煤 100 吨以上的工厂中推行节约的结果，共节约用煤 25 000 吨，足供发电厂生产 4 700 万度电力。

3. 以国产原料代替进口原料。如造漆工业方面，过去用的人造树脂、熔剂、钛白粉、立德粉、立索尔红等进口原料已逐步自给或用国产品代替。

4. 以廉价的原料代替昂贵的原料。如金笔工业方面，1954 年全年节约黄金 700 两。

5. 组织收回和利用废料。如印染工业方面，过去印染过程中抛弃的废液，含有燃料及烧碱，经利用脚水套染，每年可节约染料 10 万元，收回烧碱每年可节约 200 万元。

以上各种节约和推广代用品的办法，都是应当在保证质量的前提下进行的，任何以节约作为偷工减料、降低质量的借口，都是不能允许的。

在私营工业中，节约原料，节约燃料电力，推行代用品工作，对于国家建设和人民生活，以及私营工业本身，都有很大好处。首先，使私营工业降低了成本，扩大了销路，发展了生产。据估计，上海私营工业产品中，原材料、燃料电力一般都占成本的 70% 以上，节约代用的结果，对于销路有困难的工业，是降低了成本，扩大了销路；对于原料供应有困难的工业，则相对地或根本地解决了原料问题，因之为扩大生产创造了条件。其次，节约本身，就是改善工厂经营管理，改善生产技术，发掘生产潜力的动力。节约的意义是积极的，不仅原料供应有困难时应当节约，原料供应无困难时也应当节约。不断地从生产过程中改善经营管理，降低成本，积累资金，发展生产，这就有利于国家建设事业的发展，有利于私营企业的改造，同时有利于资方和资方代理人个人的改造。

有利于企业和个人的改造是什么呢？那些原来认为原材料的消耗定额不可能降低的工厂和个人，那些原来怀疑能否利用国产原料以代替舶来品的工厂和个人，一定能够在它的和他的实践工作中取得教训，改变保守观点。这就是只要开动脑筋，积极性和创造性可以尽量发挥，各种思想障碍也可以一扫而空。苟不然者，在产品质量太差，销售不掉时，则片面要求国营经济照顾收购；在浪费原料，因而成本太高，无利可图时，则埋怨国营经济收购价或工缴太低，因而接着产生销售靠国营经济，生产靠工人群众，资金不足靠银行贷款的错误看法，而忘记了自己有改进企业管理和生产技术的责任。因此要解决原料供应不足的矛盾，非开动脑筋扫清各种思想障碍不可。

我们对于私营工厂的要求如以上所述；对于公家，亦希望对于有成效的代用品使用，亦应有适当的奖励。工商界代表反映，目前对于这方面注意不够，有的工厂花了代用品试制费用，计算工缴时，不仅没有得到鼓励，连这笔费用也无着落。这样自然不能提高大家节约原材料，创制代用品的积极性。

矛盾的解决方法：

闻财政部方面，对于工厂试制代用品的试制费用，认为于计算工缴时，可以准许列支，当告税务机关进一步了解情况，研究解决。[1] 在资方，应促其加紧学习，开动脑筋，发挥他的积极性，改变他的保守观点。

因棉花产量不足，我们必须作好收购工作和供应工作。有些干部不认识这一特点，在粮食统购统销、棉花统购和物资供应工作中，曾经采取若干错误的办法。例如，动员种棉很多的农民出卖余粮，供应棉农的粮食不够或品种不当，不认真执行以棉花代缴农业税的政策，等等，这就增加了农民种植棉花的思想顾虑，助长了缩减棉田，或以好田种粮，以坏田种棉的现象。为了鼓励农民按照国家计划扩大棉田，必须尽最大可能保证对棉农的粮食供应。

矛盾（一续）——关于因盲目生产而形成的生产过剩。需要的东西，生产不足；不需要的东西，又生产过剩。有的地区积压，有的地区脱销。

实际的情况（一续）：

过去因大家忙于搞生产，没有想到生产发展的结果，以致造成生产过剩。在机器工业方面，如电动机发电机大的不能做，小的做得太多。中国机械业落后，大多是修配厂；私营能制造的国营也能制造。在技术方面，能制造的没有销路，有销路的却不会制造，因而形成生产过剩。

矛盾的解决方法（一续）——以减产或停产来解决矛盾。

中央对私营和公营工厂，抱"一视同仁"的态度，故解决这个矛盾，愿由国营先减或先停，让与私营以维持私营。但不准

---

① 税务总局已规定自1955年起，按下列办法处理：如其试验已经确定为失败，不再继续试验的，可以作为当年度费用一次列支，如其试验虽然失败，但仍继续试验的，可以作为预付费用处理；如试验已经成功的，则其全部试验费可以比照开办费分5年摊销。——编者。

做积压的产品，必须做销得了的产品。目前机器工业的情况是我们需要的机器，私营厂不能做，有些国营厂也不能做；他们能做的，我们不需要。“141”项大工程中，大约有半数的非主要的机器，要我们自己去做。有的一种配件只要一个，并不是所有的私营厂都能做。我们已说过我们机器制造工业多数是修配厂，制造能力本来并不大，如要从这种情况发展到能自己制造，不知要经过多少年。但也不必因此而悲观；现在是过渡时期，将来情况会好转的。

但许多行业，并没有国营工厂，即有亦很少。如制药、制造医疗器械、文具、金笔等工厂没有国营的，所以国营让无可让，即或能让亦微不足道。因此不仅公私之间要加以调整，即私私之间和地区之间，也要加以调整。以后私营机器工业任务的来源有：（1）商业部的加工订货，如小五金；（2）国营机械工业部让出来的；（3）私营自产自销的一部分。

在调剂中要对上海天津两地的工业特别加以照顾，同时也要照顾其他各地。这是：（1）因为津沪是工业的老基地；（2）津沪没有基本建设，（3）各地地方工业的发展，影响了上海工业的生产和增加推销上的困难，如热水瓶、缝纫机、牙膏、牙刷等原来可以销内地，现在内地也发展工业，使津沪货物积压。因此津沪商业在下降，两地批发商最多，没有买卖而转业又有问题。因此必须较多照顾这两个城市，对全国经济是有好处的。

机器、电机两业虽然有困难，但有有利条件。第一个五年计划的后三年的基本建设投资，约占全部的三分之二，正需要机器工业。国家建设的高潮在1956年和1957年，地区在西北、中南、华北等地，这两个工业将来一定有出路，竟可迁一部分工厂到那边去，但仍须防止盲目发展。人员可以在地区之间调剂；如生活习惯和气候有关系，则上海的人员可以去武汉；天津可以去太原和大同；南满可以去长春和北满；西北是平地建厂，需人更多。

实际的情况（二续）：

东北沈阳市工业情况，目前基本上是中小工业问题，是产销问题。沈阳是工业多，商业少，工业户约占全部工商户的三分之二，而中小工业则占工业户的90%，加工订货占私营工业生产总值的90%。沈阳工业的弱点是资金少，户数多，设备差，其优点是厂长经理中由技术工人出身的多，技术上很肯钻研，生活很朴素；工人方面，工作亦很积极。在国家经济恢复时期，抗美援朝的军需，加工订货起了一定的作用。1953 年前加工任务多，一直很顺利，到了 1954 年一二季，因抗美援朝战争停止，加工订货减少，一部分停工，收入减少，于是欠工资，欠税款，问题比较严重，国营工业才把一部分加工任务让给私营来做，但困难还是存在的，工人和资方的情绪都不很稳定。后来工商联、工商局与工会等各方面进行了一些工作，认为沈阳中小工业这么多，过去是围绕着重工业发展起来的；这些工业（如机械水暖设备）的供销问题，沈阳市是解决不了的，虽 1954 年三季度从国营工业那里拨了一部分出来，四季度还是不行。

矛盾的解决方法（二续）——革新技术，试制新产品来解决矛盾。

在这样的情形下，大家认为私营工厂自己要开动脑筋，想些办法。下列两种已有相当成就。

1. 从思想认识方面、从学习方面来求解决，因为思想通了，解决问题就容易些。通过参观技术革新展览会、生产安全设备展览会、苏联展览馆后，受到了实际教育。

2. 在业务方面，认为什么产品都要国家包下来是不好的，因为国营公司自己的积压也多；因此认为革新技术，试制新产品，是私营工业的一个出路。目前主要的是搞马拉农具，已基本成功（质量与效力方面）。但生产这些东西后，光靠东北来解决是不够的。

东北不能单独解决供产销的平衡问题，必须由中央在全国范围内安排一下。这也是从经验中得来的教训。

实际的情况（三续）：

目前国营、私营、公私合营都有产品积压的问题，情形个个不向，不能用"一条鞭"的办法来处理，唯有依据各种工业的不同情况来分别研究解决。例如目前普通铅笔有积压，但高级绘图铅笔又供不应求。1954 年第二季度以来，铅笔已有积压现象，可是青岛、徐州、济南各地半手工业式的铅笔厂还在开设。现在上海厂机器很多，可是北京厂还要添置新的机器，未能做到相互调拨。华东地区铅笔厂最多，可是西北地区一家铅笔厂也没有。各地区厂家未能合理分工，未能规定产量，以致有的品种积压，有的又脱销，技术人员上海多，但与上海有关的各厂向上海要求调派技术人员去帮助，也未曾得到同意。技术未能很好地交流，就造成国家资财不必要的浪费。上海根据中央指示，应当作高级绘图铅笔供经济建设制图之用，可是木材公司不能供应一等木材，而在北京又可以买到一等木材。中国百货公司给上海各厂的生产任务的计划性和调拨推销方面还存在着很多问题。全中国的铅笔厂家数少，不过 13 家（手工业工厂在外）。十三家的职工不过一千数百人。上海一地每月生产量，以往约达每月全国总产量（约 240 万打）的一半。由上海铅笔公司投资的并已公私合营的有哈尔滨，北京、重庆三厂。以上公私合营四厂连同国营天津、旅大两厂的生产量约占全国产量的90%左右，因各自为政盲目生产，形成产品积压。

矛盾的解决方法（三续）——召开专业会议，共同协商解决。

解放后，卷烟和火柴两业一度都有困难，轻工业部自1950年开始召开专业会议，经过安排，产、供、销就平衡下来。其他行业似乎也可以采用类似的办法来改善产、供、销的情况。因此铅笔工业中有人极欲利用火柴、卷烟两业的经验，由一个中央主管部会同中国百货公司、中国木材公司和各该设厂地区的主管机关以及各厂的负责人等，召开一个铅笔工业全国性的专业会议，来解决各地区在供销方面所存在的问题，并借此推动改进品质，提高技术，降低成本，交流经验。相信这个会议是会有助于铅笔工业问题的。

这个会议是与第一方面第一点矛盾的解决方法之精神相符合的。我们讨论第一方面矛盾的第一点时，我们曾说过：以后用“一条鞭”的办法来管理和领导，换句话说，以后的管理机关，不按经济成分来分，乃按行业性质来分，一个部或一个局把全行业的国营、地方国营、公私合营、合作社营和私营一起管理起来，作为全面安排；在各行各业和公私之间，逐步做到一个统一的平衡的计划。因此我赞成这个专业会议，由一个按行业性质成立的部来召开，以求事权统一。

实际的情况（四续）：

现在让我们谈一谈次货问题，可以分为两段，一段讨论如何减免日后的次货，一段讨论如何处理过去积压起来的次货。

1. 私营工厂不按质交货，就产生次货问题。这问题影响很大，推究其原因，不外：（1）企业经营管理不善，技术低；（2）加工订货收购包销的计划性不够，有时中间改换任务，致形成积压；（3）资方的偷工减料；（4）原材料品质低；（5）资方有的以为公方验收过严，不但无标准，且脱离实际（如搪瓷无正品）；（6）零件外包后，制造零件的企业粗制滥造；（7）劳动纪律不好；（8）恶性循环，次品越多越困难，越困难，次品越多；（9）很多私营和合营的工厂，由于检验产品品质的仪器缺乏——制定出的标准规格并没有严格的科学依据，所以在厂内发生次货率忽高忽低，在交货时，发生退货忽多忽少的情况，（10）有些企业为了增加产值，多得利润，不按照国家规定的品种计划生产，盲目地生产那种价值大的、容易生产的、但常为社会不需要的产品。例如上海国营制药厂，不愿生产产值低而有销路的产品，却专心生产贵重但销路困难的药品。有的工具厂不生产产值小的小工具，而只生产产值大的大工具，这样，从一个企业来看好像产值增加了，但国家计划受到了破坏，并造成产销脱节和资金的积压。

有了以上各种造成次货的原因，有人建议公家要加强领导，资方要积极改善经营管理；可以采用卷烟、火柴两业的经验，召开专业会议，但一定要有领导。没有领导的专业会议，恐贯彻不下去。工会也要加强工作，积极配合，一面加强劳动纪律，订出切实可行、不脱离实际的验收标准。检验产品时，要推广下厂检验的办法，一面可以推动改进，一面可以使干部了解实际情况。

2. 以上不过是日后如何减免次货的办法。对于过去已经积压起来的次货，应如何处理也成为问题。若不处理，浪费原料，造成国家巨大的损失。我个人以为不妨仿行 1954 年上海 33 个访销队的办法，到农村和矿区向广大消费者以贱价推销。兹把这个办法介绍于下。

矛盾的解决方法（四续）——组织访销队，下乡推销。

在全国展开农产品收购工作的时候，上海国营商业部分组织了百货、棉布、医药、化工、交通电器、五金等33个访销队，携带样品、样本、说明书、幻灯等宣传资料，到农村和矿区，用典型调查、商品巡回展览、消费者座谈会、个别访问等方式，向广大消费者介绍上海出产的工业品，做了3 000多万元的生意。

15个以访问农村为主的百货访问推销队，是其中的一支主力。从1954年10月间出发，两个多月光景，他们的足迹，北至黑龙江，西至乌鲁木齐，南至云南，遍及全国半数以上的省市。他们一边宣传推销，指导消费，一边具体了解农民的消费习惯和需要，虚心倾听农民对上海工业品的批评和意见。

过去上海有不少工业品行销全国，可是上海国营商业部门，并不完全了解广大农村消费者的需要和习惯。这次百货访问推销队下乡后，看到了一幅新的图景，在互助合作运动大大发展之后，农民购买力有了很大的提高，消费习惯也有了很大的变化。

浙江省舟山群岛上的礁潭乡，解放前没有一个农民用热水瓶，现在90%的农户有了热水瓶。但竹壳热水瓶瓶胆不结实，常炸裂。没有提手，农民上山下田，携带很不方便。因此我们不但要了解农民的消费习惯，也要晓得供销规律。

舟山群岛农民解放前穿卫生衫的人只有20%，都是地主富农，现在上升到了60%。这个群岛以出海捕鱼著名。第一、四季度棉毛衫裤、卫生衫裤销路特别大，商店生意特别好。农民们在寒冷天气出海捕鱼穿上这种棉织品，非常暖和，但须注意，农民欢迎的是开襟的棉毛衫裤，取其灵便，不惯用“不开襟的”，这也是一种供销规律。所以要扩大商店的生意，同时又要供应农民的需要，不能不注意于农民的消费习惯与当地的供销规律。这是国营商业提高工作质量，更好地为人民服务，为代销店经销店增加生意的关键。

百货访问推销队，因为要听取农民们对上海工业品的批评和意见，特在各地召开农民座谈会，并访问个别农民。农民们对下面这些工业品的批评和意见最多：

1. 卫生衫裤、衫子都不开襟，袖筒和裤脚都是罗口，腰身和腋下太窄，农民都感到穿脱麻烦。农民下水田、上高山均须把裤脚卷起，倘裤脚太小，又是罗口，无法卷起，很不适用，不愿购买。

2. 北方许多地方的农民都有蹲在地上吃饭、谈天、休息的习惯。裤子的裤裆和裤脚太小，裤脚又是罗口，一蹲下裤裆就绷破了。因此西洋式的衫裤，到了中国，非结合中国当地实际情况改变一下不可。

3. 球胶鞋，鞋头和鞋底太窄，尤其是双钱牌和力士牌球胶鞋。一位河南省的农民在座谈会上当场伸出一只穿着球胶鞋的脚让队员们看，球胶鞋穿上还不久，鞋头布面已破裂。这位农民说："俺庄稼汉天天上山下地，脚板特别宽，工厂应该考虑农村中实际情况，多给俺庄稼汉做些大号鞋，鞋头鞋底一定要宽些。"

4. 雪青色的袜子在延安成了畅销品，因为它的颜色跟陕北黄土高原的色彩相调和。

5. 西北是"五月小，六月大"，原因是五月是麦收季节，既不闲，钱也不多，六月麦子上场，农民有钱有闲空，就要到市场去买东西，故批发站一定要及时进货，不必太早，亦不要太晚。

6. 江西省全年雨季多，橡胶鞋有畅销的市场。

中国百货公司上海采购供应站，接到报告之后，首先把现存的西式卫生衫大部分改为全开襟的卫生衫，很受农民欢迎。

这次百货访问推销队在各地所举行的商品巡回展览，引起了广大农村消费者的兴趣，也说明了过去还有不少工业品没有和农民见面。黑龙江省尚志县人民政府工商科的一位同志参观商品展览会后写道：“我县很少看到这些商品，说明我们国家很多工业品还没有直接跟广大农村消费者见面，希望你们向上级百货批发站提意见，根据我县百货公司和农民们提出的品种、规格，签订合同，让我县充分进货，促使工业品能及时销到农村中去。”

提供些意见：

今日国内的经济学者，盛谈社会主义的经济规律，这是值得重视的事。但我以为于研究经济规律之外还须研究供销规律；例如在社会主义国家和新民主主义的国家，按劳分配是经济规律；于生产力与生产关系调整之后，生产率不断地提高，这也是一种经济规律。这种经济规律是普遍的真理，不因国别而有所不同。但我们的工作，不能至此而止，还须进一步把普遍的经济规律和国内当地的实际情形相结合，就是必须使普遍存在着的经济规律和适应当地实际情况的供销规律相结合，方能作为领导群众工作的指针。只研究经济规律，而不研究供销规律，其错误与只讲理论、不结合实际之错误相等，因此，我在此提供些意见，幸高明有以教之。

倘我们能注意当地的消费规律，则第三方面的主要矛盾（需要的东西生产不足，不需要的东西又生产过剩；有的地区积压，有的地区脱销）也可以解决大半矣。适合农民需要的，尽量生产；不适合农民需要的，不要生产。这样就能适应当地供销规律的要求。

第四方面的矛盾——有利可图和无利可得之间的矛盾

矛盾——有利可图和无利可得之间的矛盾。上海一般大型厂反映："有利可图，无利可得"；一般中小型工业反映今年（1954年）是："无利可得，也无利可图"。其中有的是牵涉劳资关系，如年奖、福利以及不急需的安全卫生设备费用的支出（所谓业务计划和财务计划的不能配合）；有的是牵涉到公私关系方面，如税收负担和公债任务等，一致认为交了税款，提了公积金及职工奖金以后，流动资金枯竭了，再没有钱发付股息红利。三马分了，一马没有着落。

实际的情况：

关于流动资金枯竭问题，据上海工商业中人的分析，有以下几项原因：

1. 工商界有的反映，一般的税局在计算所得税时与工商业的盈余有一定的距离，如企业的超额奖、超劳保的职工福利等支出，税局在计算所得税时，有时予以剔除。所以按所得税来看，盈余大，而实际余额不大。

2. 资金合理使用问题。生产计划与财务计划制订上有问题，如有些设备可以缓办的，由于劳方要求举办也办了。

3. 在加工订货方面，私商经营管理不善，不能按质、按量、按时交货，次货积压，有的工厂次货率竟达100%，造成资金积压。

4. 上海1954年共认购公债1.26亿元，以今天的现金变为将来的现金。

5. 私营工业加工订货任务不足，有的工厂长期陷于半停工状态，而企业的开支不能减少。

6. 国家加工订货、收购包销的计划性不够，有的中途改换任务，致形成积压。

7. 1954 年分掉了一些股息和红利，估计这一部分很小。

8. 上海也无例外地有些工商业抽逃资金。

政府与私营工厂的争论，一部分集中在费用列支问题上（包括工资、福利费、奖金的列支问题）。由于各地各行各业开支都没有一定标准，公家很难作出统一规定。目前情况是一地一个样。一行一个样，甚至一户一个样，而且“五反”后，有些私营工商业有随便扩大开支的情况，费用大小不一致，更使工资、福利和奖金的高低多少，大相悬殊，很不合理。即在总路线提出后，有些工商业仍有故意扩大开支的。税务机关为了保护国家税收，在计算所得税时就不得不加以控制。（控制是应该的，但有的剔除过严也是有的。）例如：

在工资方面，大小悬殊很大。最高的每人每月有几千元（进出口业中的现象），最低的只拿几十元；广州有一进出口商，自“五反”后调整工资达 13 次之多，职工工资增加到 420%，资方增加到 825%；某地一工厂股东 21 人都担任经理、副经理，工资非常高；另有一厂夫妇两人，丈夫任厂中工程师，月薪 1 800 元折实单位，妻担任经理，月薪 600 元。

在奖金方面，奖金名目有 19 种，其中生产奖金很大。有的厂为了多得奖金，有意地把生产定额降低，形成变相分红。根据 1953 年 3 月上海 27 家企业的调查，其中奖金的情况如下：所发奖金等于工资 10%—20% 的有 7 家，21%—30% 的有 3 家，31%—40% 的 1 家，41%—50% 的 4 家，51%—60% 的 2 家，

61%—70% 的 3 家，71%—80% 的 1 家，81%—90% 的 2 家，90%—100% 的 1 家，150%、174%、694% 的各 1 家。

在福利费方面，根据天津调查，福利费有 36 种之多。简单举例，有一工厂除了年终双薪生产奖金之外，尚有福利费 13 种之多。有一厂每年支出福利奖金 24 万元，另外每人还有 396 元伙食津贴。还有一厂单发工作服、制服一项，一年中发布的四套，防雨布的一套，呢的一套，还有皮猴一件。

以上这些不合理的开支，不仅对国家税收有影响，而且对企业经营和工资改革都无好处，对公私企业职工间的团结有影响，对私营企业的社会主义改造也有不利。有人认为其中不免有用增加工资、奖金，福利等手段来腐蚀工人，甚至来收买工人与政府对抗。无论如何，以上这些不合理的开支，在计算所得税时，是应该剔除的。

矛盾的解决方法：

这问题很复杂，一下子解决不了，1954 年汇算清缴采取的办法是：（1）一般仍按 1953 年汇算时的标准开支；（2）如在 1954 年工资已有变动，其变动经过劳动部门批准的可以列支；（3）工资有变动而未经劳动部门批准，但未超过同业一般水平的，也可列支。但这些办法尚不可能解决目前工资、奖金、福利不合理的问题。这问题只能随着企业的工资改革逐步设法解决，一下子解决是不可能的。上海的工资改革问题目前还不能提，实际上应不应提，民建会与工商联可以考虑，因这也是社会主义改造的内部问题之一。广州市也是高工资的城市，已经改革，做得很好，上海亦可仿行。

以上是关于工资、奖金、福利问题不彻底的解决。

实际的情况（一续）：

现在来谈一谈如何解决第四方面其余各种不同的矛盾。有盈余工厂的盈余分配，目前呈现下列三种情况：

1. 有利可图，有利可得；

2. 暂时无利可图，也无利可得（就是第三方面各种不同的矛盾，详见第三节）；

3. 有利可得，但分不到现金。

兹分别讨论之。

1. 有利可图，有利可得。1954 年 904 户公私合营企业中，经过调查了解，716 户有盈余，其中半数以上利润超过 30%，85 户超过 100%，17 户超过 200%，股息红利最高的分到四分五厘。利润高的原因：职工生产积极性提高了，成本降低了；受到国家的照顾，原料按调拨价格收进，产品按市价出售。今后处理的意见是：利润太高者，应多提公积金，因受国家照顾而获得超额利润者，超额利润似应归公；一般的按四马分肥的原则分配。

中央工商行政管理局按：“有利可图，有利可得。1954 年 904 户公私合营企业中……”据我们了解，1954 年的合营企业是 905 户，只是盈余分析中调查了 904 户。

2. 暂时无利可图，也无利可得。他们只能维持现状。或在很苦的水平上维持现状。属于这一类者，只有七八种工业（决不是一切行业）。例如：（1）机械工业和电机工业；（2）制药工业中之针剂、片剂以及医疗器材工业，发展太快，生产过剩，任务不足；（3）针织工业，几年来也有发展，今年在原料供应上有困难；（4）解放以来就有困难的工业，如面粉、榨油和罐头工业，在抗美援朝时罐头工业有过一定的任务，战事停止后，供过于求了；（5）制革工业和皮件工业，如生产皮球、皮鞋、皮箱等工厂有原料供应不足的困难；（6）金笔铅笔文化工业及印刷工业，它们在解放时户数不多，因生意好，盲目地大量增加，才有产、销不平衡的现象；（7）缝纫工业，因受布票限制，成衣销路减少而受影响；（8）木材加工业．主要在东北及其他大城市中有困难，原因是木材在产地加工，在国营建筑部门中自行加工，因而减少在私营工业中的加工数量。这八种工业目前只能维持现状。（详见第三方面各种不同的矛盾）

中央工商行政管理局按："暂时无利可图，也无利可得"这段文章所指的是有些行业，暂时有困难。但从盈余分配上来看，据大型工业利润分配情况来看，这些行业1950—1955年资本家拿了这许多钱：

业别	资方所得	其中股息红利
机器制造（包括电机）	19 721千元	7 948千元
纺织工业	60 125千元	39 244千元
其中：棉纺	20 269千元	14 789千元
棉织	12 332千元	6 705千元
印染	12 832千元	8 182千元
针织品	6 141千元	3 845千元
食品工业	22 414千元	12 582千元
其中：磨粉	3 870千元	2 369千元
食用油脂	2 361千元	1 490千元
烟草制造	3 690千元	2 404千元
制革	1 358千元	448千元
缝纫工业	1 324千元	769千元
木材加工	4 475千元	2 561千元

3. 企业有盈余，但分不到现金。这就是工商业所提出的"有利可图，无利可得"的矛盾。分不到现金的原因，就是前面

所述的所得税估缴过高、安全设备上花得太多等八项，尤其重要者为八项中的前四项。

中央工商行政管理局按："企业有盈余，但分不到现金"这一段里说，无利可得是由于200页的八项。但这八项是说企业"流动资金枯竭"，其中最后两项是说"分掉了一些股息和红利"（第七项），"有些工商业抽逃资金"（第八项）。这里还说明了工商界还分到了一些。至于所得税是否高的问题，前已提供了参考资料。公债问题，我们历来对私营工商业认购公债的政策是，企业盈余分配之后，资本家拿一部分股息红利来认购公债，资本家在认购公债后，应给予一部分现金，掌握的原则，大体是各半左右，其余部分，由企业以剩余资金来购买。事实上1955年以前企业认购的公债占了绝大比重，以股息、红利来购公债的并不多，1956年以定息购买公债的比重是增加了。

矛盾的解决方法（一续）：

（1）如所得税估征过高，查账征收的（不是民主评定的），在汇算清缴时可以退还。但不应列支的费用，当然不能列支。（2）对于增加固定资产（如设备），有关方面应照顾到资方可能的程度。有些企业，一面分红，一面动员投资，股东拿不到钱。这样作法很不合理，应按四马分肥的原则分配股息红利，资方应得部分，由其自由处置，投资须根据自愿的原则。（3）买公债，应根据资方实际的可能，不能勉强。（4）资方应改善经营管理，应按质交货；同时应照四马分肥的原则，资方分得的部分，应该有现金，也应该有公债。

第五方面的矛盾——社会主义改造和资本主义经营管理之间的矛盾

第五方面的矛盾第一点——表现在批发商方面，目前一般情况是：留不下来，转不出去，包不下来。

第五方面的矛盾第二点——表现在零售商方面：一般人事臃肿，户数过剩，营业差，利润小，收入少，开支大，收支不能平衡，有人说：（指代销，经销、批销）“这是‘社会主义经营，资本主义开支’”。

以上两个问题的讨论，移至“资本主义商业的社会主义改造”一章，本章专讨论资本主义工业的改造，故不赘。

第五方面的矛盾第三点：

矛盾——社会主义改造和资本主义的经营管理之间的矛盾。

表现在中小工业方面。中小工业一般是设备差，开支大，技术低，资金少，分散落后，今年任务不足，有的没有任务，改造有困难，维持也有困难。

实际的情况：

北京中小工业的产值占全市私营工业的60%，户数占全市三分之一左右，但大部分与国营无加工订货关系，未能纳入国家计划轨道。它们的设备较简陋，技术落后，希望政府把它们组织起来，进行加工订货。派员驻厂监督指挥，一方面可以对企业进行监督，帮助企业改善经营管理，另一方面可使干部了解企业情况，为培养公股代表进行并厂合营创造条件。如皮革针织皮毛业组织起来，对原料、销路、提高技术方面都有好处，国家并可更多地控制成品。目前不可能一下子把中小工厂全部纳入公私合营，要先巩固加工订货工作。在中小工厂的工人中不要太强调公私合营的优越性，要多强调企业为加工订货而生产亦是为完成国家交给的任务，其在改善经营管理方面，在按时按量按质交货方面有一定成绩的，应用吃葡萄的办法（中、小工厂合营的意思）把它们纳入公私合营中。对生产任务减得很多的企业，希望能同意解雇一部分，对没有生产任务而实在难以维持的，应同意其歇业，给以安排。

依照以上的建议，私私合并是必需的第一着步骤，就是把未合营的工厂，按其生产类同，或连续性生产的情况进行合并。这样，有三个好处：（1）增加生产，（2）人力物力集中，（3）减少干部。譬如广州制药厂过去原料依靠进口，规模很小，技术人才缺乏；联起来后，人力集中，有些可采用本国原料生产。私私合并困难是多的，但对生产有利，并能为公私合营创造条件。大城市如上海、天津、沈阳等中、小企业很多，如何造成条件合营，是个问题。必要经过联营并厂才能走到合营，或由公私合营的工厂用以大带小的办法，逐步吸收，例如南通大生纱厂带一个嘉定的小厂，就是一个好例子。政府要有领导地帮助中小企业创造合营的条件。对中、小企业可分别情况进行排队，譬如以供产销平衡的为第一类，原料供应不足，但产销不成问题的为第二类，供产销不好的为第三类。这样根据情况加以排队，分别缓急先后进行合营。但要把所有好好坏坏一起包下来，是不合理的。其条件实在太差者，必须淘汰。

又如上海私营机器业有 1 500 多户，产品复杂，技术落后，设备陈旧，经营管理不善，一方面生产脱节，另一方面潜力很大。目前生产上困难很多，不少厂欠税欠工资，甚至有的伙食也开不出来。但一般机器厂资方及工人都有技术，如加以掌握利用，可以在国家建设中发挥一些作用。关于这些中小机器厂的前途，机器业中有人提出八点建议：

1. 并入其他大厂，作为修配间，或保全部；

2. 上海本埠公私合营厂可吸收一些需要的中小厂；

3. 外埠国营厂需要的，可以迁厂合并；

4. 生产品种相似或者可以协作的厂，地区也相近，可先联营，再逐步走向公私合营；

5. 连机器带上工人，有技术的资方可以参加国营企业厂矿基本建设工作；

6. 五个工人以下小厂，如资方参加劳动的，可参加生产合作社；

7. 有条件的工厂，可在政府领导下，试制新产品，从改进生产上解决其困难；

8. 十分困难，无法维持，又无法用以上办法解决的，应允许停业，工人及资方按需要由政府分配工作。

上海工业有二万多户，而十人以上的工厂有一万多户，说明大多数是中小厂，如棉纱工厂，大厂大都已合营，留下两三千锭子的纱厂应考虑如何并厂。这些中小工厂问题很多，成本高，品质差，调整工缴后，大厂可能有盈余，中小厂难维持，故如何推动中小厂进行合并的问题很重要。但也有人说理应合并，不过合并后，可能发生人事安排的困难，和机构臃肿的问题。此外还有设法迁厂。有些地方有原料有销路的，如果要设厂，是否可以联系其他地方推动迁厂。

有人说：有的私营工业任务不足，而国营还在修建新厂，致有人认为“限制有余，利用不足”。如上海有一家植物油厂，它的生产能力可打 1 500 吨棉籽，但经常只有两三百吨的任务，天津有一厂已很困难，资方和工人到河边做搬运工作，每天工资五角，然而石家庄、郑州、新疆都在建厂，如把天津的厂搬去，就可解决工人的困难。漆布工业也是如此，上海已停工，广州开半班，但西南都在建厂，说大有前途。

矛盾的解决方法：

利用、控制和管理现有工业，并减少新建或扩建（譬如原拟五年计划增加270万纱锭，可减少一些）。国营工业，地方工业，公私合营，合作社工业和私营工业都须管理，把这个责任交给中央各部。但虽然这样做，一部分工厂，仍会被淘汰，原封不动地保存下来，是不可设想的，必须加以改组，有的小并大（这就是大厂带小厂以减少小单位，这对降低成本，合理管理和提高品质等方面均有好处），有的要搬家，有的要淘汰。政府要奖励先进，照顾落后，但落后的必须努力提高，不能长期照顾。此外有先行私私合并，如对连续性生产的中小型工厂和对生产类同的工厂先进行私私合并，先创造些例子，再逐步推广，以后再看情况准备合营。有的已失掉作用的，应有计划地有步骤地吸收其从业人员，淘汰其企业。

但迁厂合营和私私合并，必须根据主观、客观条件量力而行，如果不从整个国民经济的需要出发，而只强调一个地区的有无，则必然使计划冒进，不能实现。如安徽原拟从上海迁去合营的两户热水瓶厂，虽已列入计划，因客观条件缺乏（安徽无煤气设备，热水瓶即不能生产），迄未实现，应引为教训。又如上海1954年合营的金笔厂，即因挂钩不牢，合营后生产任务不足，今后应力求防止。

第六方面的矛盾——在计划与步骤方面的矛盾

第六方面的矛盾（在计划与步骤方面的矛盾）第一点：

矛盾——有人主张慢慢过渡，不要太快，但碰到具体困难的业户，要求快快改造，或者急切希望干脆批准歇业，不要拖。一般有条件走上公私合营的户，都要求快快公私合营，主要是为了解决困难，放下包袱。

实际的情况：

很多人反映私营工厂的生产关系不改变，要改善经营管理，降低成本很困难。所以希望放宽公私合营、国家资本主义的面。国营企业参加同业公会，若仅停留在介绍国营先进经验是不够的，应推动整个行业的改造工作，把整个中小工厂组织起来，使其发挥生产能力，充分利用原有设备。现在中小工厂要求公私合营的情绪很急躁，但又不可能一下子全合营。其申请公私合营而没有批准的企业，看到其他企业批准，而使自己企业又受到影响时，渐由急躁情绪转变为埋怨政府。1954 年高级形式的公私合营企业有 905 家，生产一般提高，经营管理得到改善，劳资问题已不复存在，这是由于社会主义成分在企业内部居于领导地位，工人劳动态度改变，积极性提高了。至于低级形式的加工订货，也很重要，也可以纳入国家计划轨道，但社会主义成分在企业外面，对企业与人的改造，不能像合营这样做得彻底，因此私营工厂的合营要求是对的。有些私营工厂，积极争取合营，合营后积极工作，政府很欢迎这些人起桥梁带头作用。但也有态度不正确的：有的存着“丢包袱”的思想，急于要求合营，但自己又不积极创造条件，因此不可能一下子把他们都纳入合营。有的竟抗拒社会主义改造，消极怠工、抽逃资金、破坏生产，用经济主义腐蚀职工，大部分摇摆不定。

推动整个行业的改造，把分散落后的整个行业组织起来，充分利用原有设备，以发挥生产潜力。民建与工商联，于工商业有困难时，固愿意帮助解决，但对违法，不能同情，二者不能混淆。对违法分子，必须进行批评。天津现有一半批发商还未转业，看到国家要包下来，有的乘机抽资，有的躺倒，这种情况应向政府反映。对这些坏分子一定要进行批判，而进行批判不是打击，正是为了爱护。缺点继续存在，批评必须继续进行，因为不爱国守法，要做社会主义公民，在条件上就有困难。做好思想教育工作，主要内容为爱国守法，一面要鼓励，一面要揭发、批评，以提高认识，明确困难不是政府的错误所造成的。工商界的学习应加强，面应放宽，如浦东有6 800多户工商户，参加共同纲领学习的只有400多人，学习总路线的只有100多人，许多不学习的人，连什么是总路线还不知道。

矛盾的解决方法：

对进步的私营工厂与中间的私营工厂，固须团结、教育、改造与使用，对落后的亦不能放弃，应争取改造他们，加以使用；对破坏者则应提高警惕，必要时依法予以处理。

对资产阶级分子的改造，最后是要改造成为社会主义的公民。目前对他们进行思想教育，要以爱国守法、接受社会主义改造和接受社会主义成分的领导为基础。

第六方面的矛盾（在计划与步骤方面的矛盾）第二点：

矛盾——有人认为对工业应该先吃苹果，也有人认为应该先吃葡萄，不然葡萄就会烂了，对商业应该逐行逐业改造，不应该逐户逐店拣好的吃。北京有几家商业合营后，同业很有意见，如北京同仁堂合营后，南京同仁堂的营业额也被带动提高。

实际的情况：

过去公私合营的原则是根据国家的需要，企业改造的可能，与资本家的自愿。有的地区做得好，有的地区有缺点，没有事先排排队，协商酝酿。今后政府希望工商联与民建会多协助政府进行调查研究联系沟通的工作，充分协商后再合营。

1954年的合营采取“摘苹果”的方式，不采取“吃葡萄”

的方式，意思就是大企业一个一个地合营，这样做影响了中小企业的业务，中小企业很有意见。北京市由于瑞蚨祥、稻香春、同仁堂的被批准公私合营，三业的同业俱遭受很大的影响。如北京的同仁堂被批准合营，南京的同仁堂的生意（非合营性质的）也好起来了。其余药铺的生意受了影响。北京市有许多机关、团体、企业原与各私营国药店订立医药供应合同，但自国营医药公司向国药业同业公会索取已与该业订立供应合同的机关、团体和企业的名单，然后把它们一个一个地拉走，使他们与私营解除合同，以致造成公营药店拥挤不堪，需领牌子排队，而私营药店门前可罗雀，发生困难不能维持。同时公营店少，病者也不便。

这几年来，广大群众的觉悟提高，同样的价格，同样的货物，都愿到国营去买，以支持总路线。现在政府照顾到全面，采取了措施，但消费者仍不一定会上门，所以有必要对私营国药业的改造采取“串葡萄”方式的公私合营办法，在全市分区分段的排排队，先择条件较好的药店公私合营，而后再进一步吸收附近的同业参加合营。国药店的性质属于半工半商，一般都有些秘方和宝方，情况特殊，不能仿一般商业“经销”“代销”的办法来吸收。公私合营，于私很方便，于公亦有利。

矛盾的解决方法：

综合以上所述，我们可以得出一个原则——就是工商业的改造，应采取逐行逐业的方式，不采逐店逐户的方式。根据这个原则，我们要通盘打算，合营大的，照顾中小。中小之中，有的合营；有的以大带小；有的先行私私合并，先创造些例子，逐步推广，再看情况准备合营。

既要有所不同，又要在一些方面一视同仁。

以上我们讨论工商界人士提出的六个方面的矛盾，我们也提供了解决这些矛盾的各种方法。这些方法，看起来，是个别的，分散的，但在他们之上笼罩了一个基本原则——这就是“既要有所不同，又要在一些方面一视同仁”。让我来说明一番。

以上海来说，私营工业绝大部分已走上各种中级形式。这种中级形式的国家资本主义经济由于社会主义成分和资本主义成分在企业外部已有某种程度的联系，加强了社会主义经济的领导地位，限制了资本主义经济的生产无政府状态的破坏作用，但企业仍为资本家所有，企业生产仍由资本家负责，企业的经营管理仍是按照资本主义的方式，因此公私间的矛盾，劳资间的矛盾，仍不能获得解决，而资本家和资方代理人的个人改造仍受了限制，非把企业由中级形式发展为公私合营的高级形式不可。但工商界在思想上存在着一些问题，认为对私营工商业进行社会主义改造不一定要经过公私合营，认为加工订货，已纳入国家计划轨道。这种思想的根源是在：（1）从私有观念出发，（2）认为加工订货一切都不比合营差，是很不正确的，因为高级形式的公私合营是社会主义成分和资本主义成分在企业内部（不在外部）进行合作，是社会主义成分居于领导地位的半社会主义性质的企业，这就便于按照社会主义的经营方针和管理原则来改造原有企业，也便于对资本家和资本家代理人来进行个人改造。因此由中级形式的在企业外部的公私合作，通过高级形式的在企业内部的公私合作逐步过渡到社会主义社会，对资方来说是一条光明大道，不能不走，因为这是历史发展的必然规律。例如1954年合营者有905家，生产一般提高，一般发动了职工群众，提高他们的社会主义觉悟，改善了企业的经营管理和产品质量，并在工作中对资产阶级分子进行了团结、教育和改造。其次，对原有的企业进行了整顿工作，树立和加强了社会主义成分的领导，并对公私关系进行了适当处理，使私股的合法权益获得了适当的保证。

因此在合营企业中，公方居于领导地位，私方接受公方的领导，是确定不移的原则，而这个原则的正确性已由事实证明。我们要首先明确了领导与被领导的关系，私方主动接受领导，就是主动接受改造。私方代表中在经营思想上还存在着许多陈旧观点，而公方代表则是以社会主义思想来指导企业的经营管理，要把一向依照资本主义的经营方式经营的旧企业，逐步改造为依照社会主义经营方式经营的新企业。在改造进程中，公私双方基于立场观点的不同，一定会有不同的意见，而这些不同的意见，可以在合营企业的董事会中反映出来。董事来自公私两个不同的方面，代表着公私两种不同的利益；要解决这两种不同利益的矛盾，应该采取“协商”的方式。但“协商”不是无原则的讨价还价，而是有领导有标准的。标准是什么呢？是国家的政策，而政策是基于过渡时期的总路线的。要求合于国家政策的是对的，不合于国家政策的是错误的。公股代表的职责是正确地掌握国家的政策，私股代表就必须正确地体会国家的政策。是非取决于政策，协商自能得到圆满的结果。

或者对于公私两种不同的利益，尚缺乏正确的认识。合营企业是在国营经济直接领导之下经营的，所以所谓两种不同的利益，不是平分秋色，等量齐观，乃是以全民利益为主，个人私益不能破坏全民利益，这是一个合理的社会主义铁则，因此二者之间“要有所不同”。到了社会主义，也承认个人利益，但社会主义社会中公民的个人利益是基于“各尽其能，按劳取酬”的原则的，与全民利益相配合的，而今日私人资本家的个人利益，是从资本家生产资料所有权而来的，与剩余价值的剥削分不开的。因此这两种个人利益，名同而实质不同。明乎此理，合营企业的私方，不致先后倒置，轻重不分。要晓得“由于我国经济现在还很落后，社会主义工商业还不能很快地代替现有的资本主义工商业，所以在革命胜利以后一个相当的时期内还需要尽可能地利用它们的积极性，借以增加工业产品的供应”。因为要达到这个目的，暂时容许剩余价值的剥削，允许私方从企业盈余中分得一定的在限制范围以内的利润。而且在全民所有制未完全代替资本家所有制之前，这些利润是“依法保护”的。他们有困难，国家帮助他们解决；他们任务不足，国营企业可以让出一部分，分给他们。今后要把国营、地方国营、公私合营、合作社营、私营都划归一个主管机关管理，以便通盘筹划。工商业的改造，采逐行逐业的方式，不采逐店逐户的方式。凡此，就是“在一些方面一视同仁”。因此，对资本家来说，是一条光明的道路。在企业改造的过程中，同时也进行个人的改造；接受公方代表的领导，就是接受改造，这就是“有所不同”的真意义。企业改造与个人改造一定要结合在一起，以便最后改造成为社会主义社会的公民。

自 1954 年下半年以来，公私合营的资本家抗拒改造的手段，日益趋向于隐蔽和合法，这种斗争，将随着改造事业的日益开展而更加尖锐复杂。在合营过程中的斗争焦点，主要集中在领导权和财产权两个方面。但无论如何，“社会主义成分居于领导地位”这个原则是不能动摇的。

如果资本家不接受公方代表的领导而公方代表对资本家亦表示迁就，结果一定不能改造资产阶级的思想，而反促进了资产阶级又用糖衣炮弹对人民疯狂地进攻，或竟对革命敌人帝国主义和封建势力妥协投降，他们也会在人民民主专政的新时代里又复为非作歹，实行行贿，实行偷税漏税，实行盗窃国家资财，实行偷工减料，实行盗窃国家经济情报了。他们会使中国不走向社会主义而走向资本主义，实际上是要回到殖民地与半殖民地。

因此，公方在企业中居于领导地位，这是坚定不移的原则；这是“有所不同”的真正意义，但原则大家会讲，等到接触到实际问题的时候，尤其是关于利润问题的时候，却会产生各种不正确的思想，因为在合营企业的内部有两种不同的经济成分，代表着两种不同的利益，国家资本所代表的全民利益和私人资本所代表的私人利益。代表全民利益的“公”与代表私人利益的“私”是有差异的，故二者之间不可能没有矛盾，有矛盾就有斗争，在不同时期、不同条件下产生不同的斗争，不断地产生，不断地解决，同时也不断地减少和统一。关键在于相互了解和协商，而协商不是无原则的讨价还价，而是有领导有标准的。矛盾虽不能根本解决，但得到适当的、合理的安排和处理，是完全可能的，而且在不少合营企业中，也已用事实证明其可能了。

但公方代表居于领导地位，并不等于说“合营企业搞得好不好，是完全决定于公方代表个人能力的强弱”（如上海有好多人在“公私合营工业企业暂行条例”的学习中所提到的）。这样看法是不全面的。当然公方代表个人能力的强弱，在一定程度上，会影响到工作的推进，但我们不能就此而得出结论说：公方代表个人能力强弱是决定合营企业能否搞好的唯一因素，因为这里不是单纯的一个个人能力问题。在广大私营工商业者中间，能力强的不乏其人，但为什么他们所经营的企业，终究不如合营企业呢？理由很简单，因为推动企业生产向前发展的主要动力，是企业生产关系的改变，而不完全是哪个个人的能力强弱问题。因此国家在过渡时期的任务之一就是要改变生产关系。

以上不全面不很正确的看法，还表现在忽略了私方代表在合营企业中的地位和作用。企业合营后，我们对私方的要求更高。对私方来说，合营不是万事大吉，不是私方责任可以减轻，一切都可以推在公方代表身上，恰恰相反，私方应当更积极地负起责任，主动地接受改造。况"公私合营工业企业暂行条例"第十一条明白规定公私双方代表在企业行政职务上，都应当"有职有权，守职尽责"，决不能把合营企业搞得好不好的因素归结到公方代表个人的能力问题上去了。

从过去经验中得来的教训八则：

1. 任何经济成分的工业，无论国营、地方国营、公私合营、合作社营和私营，在发展中，一定要加以管理。（过去我们只看到发展的一面，没有想到发展后结果的一面，才造成困难。）（第一方面）

2. 以后的管理机关，不按经济成分来分，应按行业性质来分，一个部或一个局要把全行业的国营、地方国营、公私合营、合作社营和私营一起管理起来，作为全面安排，逐步做到有一个统一的平衡的计划。（第一方面）

政府现在就要成立第三机械工业部，负责领导地方国营、公私合营、合作社营和私营的机械、电机工业。这些工业数量很大，对国家建设有很大作用，但尚无统一领导机构，以致其发展和改造都发生了一些偏向。根据统计，全国大型私营机械、电机工业共有 3 870 多户，生产潜力有，设备和经营管理落后，所以要求社会主义改造（改变生产关系）和技术改造（发展生产力）甚为迫切。

3. 公私合营企业的改造和资方个人的改造，一定要有机地结合在一起。（第二方面）

4. 从地区方面看，地区不能单独解决供、产、销的平衡问题，必须要由中央在全国范围内来安排。（第三方面）（这与以上第二则相同）

5. 为发展生产，并为满足人民的需要，一定要调查研究国内各地的消费习惯和供销规律。（第三方面）

6. 中级形式的加工订货，也可以纳入国家计划的轨道，但必须依据下列两个具体条件：（1）私营全部原料或绝大部分原料要由国家掌握，（2）私营全部产品或绝大部分产品要由国家统销。（第一方面）（此可归纳或包含在第二则之内）

7. 经验证明，在中级形式的加工订货中，社会主义成分在企业外面，对企业和人的改造，不能像合营这样做得彻底。（第六方面）

8. 工商业的改造，应采取逐行逐业的方式，不应采取逐店逐户的方式。（第六方面）

（原载 1957 年第三期《北京大学学报》——人文科学）